逃脱东京审判

大川周明的奇异疯狂

（美）埃里克·贾菲 —— 著
黄缇萦 —— 译

中国友谊出版公司

图书在版编目（CIP）数据

逃脱东京审判 /（美）埃里克·贾菲著；黄缇萦译.
—影印本. —北京：中国友谊出版公司，2016.8
书名原文: A Curious Madness
ISBN 978-7-5057-3742-6

Ⅰ.①逃… Ⅱ.①埃… ②黄… Ⅲ.①大川周明（1886–1957）
—人物研究 Ⅳ.① K833.135.2

中国版本图书馆CIP数据核字（2016）第113940号

北京市版权局著作权合同登记　图字：01–2016–5143

书名　逃脱东京审判
作者　（美）埃里克·贾菲
译者　黄缇萦
出版　中国友谊出版公司
发行　中国友谊出版公司
经销　新华书店
印刷　北京慧美印刷有限公司
规格　880×1230毫米　32开
　　　9 印张　192 千字
版次　2016年8月第1版
印次　2016年8月第1次印刷
书号　ISBN 978-7-5057-3742-6
定价　45.00元
地址　北京市朝阳区西坝河南里17号楼
邮编　100028
电话　（010）64668676

目录 · Contents

第一章

震惊世界的掌掴

甲级战犯——判定精神失常——疑似装疯

——美国中央情报局，大川周明个人档案，1958 年 7 月 25 日

提审时，大川周明看上去是个不折不扣的疯子。那是一九四六年五月三日，上午八点半，从巢鸭监狱开出的汽车把被告送到法庭门前。走进法庭时，大川穿着传统的日式木屐，皱巴巴的浅蓝色衬衫看上去像是一件睡衣。被告席有两排，他在后排正中的位置坐下，正对着世界各地来的法官。坐在大川前面的是东条英机，全世界都认得他的光头和那副镜片圆圆的眼镜。东条英机穿着卡其色的上衣，神色平静肃穆，已经做好了接受处决的准备。所有的被告中，只有大川一个人没有表现出在这种场合下应当具备的严肃。他眼神涣散，穿着松松垮垮的睡衣，让人觉得他仿佛是在梦游状态下走进了一场葬礼，或是在教堂里闲逛的小丑。

大多数人把远东国际军事法庭简称为东京审判，一些人将之称为“日本的纽伦堡”。无论怎么称呼，审判的目的是对日本施以法律上和道德上的制裁，如同纽伦堡审判制裁德意志那样。为了实现这个目标，盟军起诉了二十八名日本人，他们认为这些人是导致日

本在第二次世界大战中犯下滔天大罪的元凶。一九四一年十二月珍珠港事件发生时，“明星犯人”东条英机时任日本首相，他的罪行最为骇人，和他同属一个阵营的还有一群领导者，包括三名前首相、几名陆军和海军上将、战争部长、内阁成员、两名大使和天皇的一名首席顾问。东京审判的判决中将这群人称作“军国主义犯罪团体”。

抛开穿着睡衣不说，大川周明在这群呼风唤雨的人中依然显得格格不入（他名字的发音是Oh-ka-wa Shoe-meh，meh的发音近似may）。他是坐在审判席上唯一的平民，既没参与政治，也没有当过军人，但某些盟军检察官认为，他才是日本帝国主义行为背后的中枢。一位检察官认为大川周明就是“火花塞，是他让整个战争期间不断上演着的阴谋保持活力”。东京审判开始前不久，一位曾驻日本的情报官员说，他宁愿看到被定罪的是大川周明，而不是东条英机：“大川才是全局的核心。”大川周明被人们视为日本军国主义的锦囊库，他的大脑主导着整个帝国的力量。

法庭位于东京市谷，地势较高，能俯视城市被炸毁后留下的废墟。战争期间，这栋三层楼的建筑物曾是日本陆军省和参谋本部所在地，看上去有一点像碉堡。工人忙碌了几个月才将法庭准备就绪：他们在大厅里架起木栅栏，安上明亮的电灯，在旁听席边缘搭了翻译席，在四周封上玻璃；大厅里放了一千张座椅，每张座椅上都有一副三音轨耳机，听众能根据自己的需要调节收听英语、日语或俄语。

一九四六年五月三日上午，大约十一点十五分时，木门缓缓关闭，一阵柔和的铃声宣告审判开始。或许是为了让东京审判摆脱纽伦堡审判的阴影成为聚光灯聚焦的唯一对象，大法官威廉·韦布以一句“历史上不会有更加重要的战争审判了”开场。

为了等待另外两名被告的到来，上午的审判暂告一段落，休庭。下午两点三十分，所有人回到法庭上听取判决。法庭四周站着一小队头戴白头盔的警察，他们的长官奥布里·肯沃西上校没戴头盔，站在被告席的正后方。就在法庭书记员一字一句地宣读五十五项指控时，大川周明变得越来越焦躁。他在椅子上扭来扭去，不时尖声地胡言乱语几句。他先是骚扰坐在右边的松井石根，此人指挥的日本军在南京犯下惨绝人寰的罪行；接着又骚扰坐在左边的日本前首相平沼骐一郎。他解开上衣扣子，露出瘦削的胸口，拍打着从肩上滑下来的一条布片。他“啪”的一声合上双手，像是在祈祷，然后又猛然把手掌分开。

大约下午三点三十分，书记员念到第二十二条判决时，大川周明从座位上欠身站起来——记者后来说他“诡异地咧嘴笑着”，伸长细瘦的手臂，张开手掌，猛地拍了一下前排东条英机的光头。原本正在低头听着判决结果的东条惊诧地转过身，看见肯沃西上校正按住大川瘦瘦的肩膀。韦布大法官宣布休庭十五分钟，一个记者朝东条英机走去，想要拍照，大川挣脱了肯沃西的手，起身在正对摄影机镜头的地方又拍了一下东条的脑袋。

法庭中爆发出一阵窃窃私语，韦布大法官高声要求大家保持肃静。后来一些人说，戴头盔的警察把大川周明架走时，他正在叫嚷着，说着胡话；其他人则称，在一片喧哗声中听见他喊道：“这是一场闹剧。”好像他认为审判只是精心排演的一出滑稽戏。几年后，回忆起这一幕时，大川周明说，让他恼怒的，是在场的人把这场审判秀当作一场光辉的审判，他突发奇想，拍了一下东条英机的脑袋，想打破法庭上荒唐的严肃气氛。

然而，那天庭审继续时，一点都看不出大川是一个如此处心积虑的人。他光着脚坐在椅子上，与东条英机和其他被告隔开一段距离。睡衣罩在他骨瘦如柴的身上，睡衣外面披了一件外套。下午的整个审理过程中，他都拿着手帕低声哭泣，连肯沃西上校都忍不住时不时拍拍他的背脊，喃喃地说着“好啦，好啦”安慰他。

第二天早晨，韦布大法官要求大川周明接受精神检查，为了顺利宣读判决，他把大川从被告席上移除了。下午，大川的行为让记者们越发兴奋，他似乎是间歇性地疯狂一阵，清醒一阵。他在一位俄亥俄州来的公关人员身上再次施展了打人技术，他用流利的英语说，他不喜欢美国，因为那里“全民皆疯”（译注：原词为democrazy，与democracy——民主一词谐音）；他还说，他是哈皮·钱德勒的好朋友，钱德勒是美国职业棒球联盟的成员；他说，他已有七十二天没有吃过东西，并且发现了一种从空气中汲取养分的好方法。然后，他要求抽一支烟。

大川周明的话极具吸引力，各大报纸都难以抗拒，纷纷引用，不吝笔墨地描写大川的怪诞行为。只有少数报纸刊登了将负责为大川做检查的两位精神病医生的名字，控方辩方聘请的是一位姓内村的日本医生，按《纽约太阳报》的说法是“一个布鲁克林人”——丹尼尔·S. 贾菲少校。

从严格意义上说，一九四六年五月时，我的祖父不是布鲁克林人。一九一四年，丹尼尔 · S. 贾菲在布鲁克林出生，在那里度过了整个青少年时期，一九三四年离家去医学院学习，在担任美国陆军医务官期间，他一直都住在首都华盛顿。他于一九四二年十月入伍，东京审判时，他正是圣伊丽莎白医院精神科的住院医生。他身高约五英尺六英寸，浓眉大眼，尖尖的鼻尖配上一对尖尖的耳朵，两撇小胡子整整齐齐，这让他的脸看起来不那么孩子气。

我的祖父没有亲眼看到过第二次世界大战中的许多战役，但他到过很多地方。一开始，他在南卡罗来纳州的斯塔克综合医院任精神科医生，几个月后被调往宾夕法尼亚州的福吉综合医院。一九四三年末，他加入驻路易斯安那州的第九十七步兵师医疗营，在加利福尼亚州海岸接受水陆训练。一九四四年坦克大决战的惨重损失迫使欧洲加强兵力，那时我的祖父刚在太平洋完成一次危险的登陆，第九十七师匆匆忙忙横跨美国赶到纽约，从大西洋起航去法国港口。他们沿着鲁尔河河谷，把德军逼入捷克斯洛伐克境内，发动了一场漂亮的最后进攻。欧洲胜利日（译注：指一九四五年五月八日，德国签署投降书的那一天）之后，第九十七师立即回到纽约，在北卡罗来纳州的布拉格堡会师，再度穿越美国全境，这次的目的地是位于华盛顿州的劳顿堡（Fort Lawton），他们要去参加一开始就预料到的太平洋岛屿战役。在赶往劳顿堡的途中，传来日本正式投降的消息，他们转而去东京执行占领任务。大家一致认为第九十七师是陆军中调动最频繁的师，陆路和海路的总行程达到三万五千英里。

一九四六年回家时，我的祖父对战争不置一词，现在他成了个沉默寡言的人，这是他最突出的特征。但即便他能说会道，他也有权不再谈及战争，以后也几乎没有谈过。

他的克制对我而言很不幸，因为我后来得知，他在军队中的职责相当特殊。他是第九十七师的神经精神科医生。战时，军队里有上百万人，祖父这样的人却只有不到一百个。战争开始时，美国军队认为入伍体检时能筛除有精神缺陷的人，但经过两年残酷惨烈的战役，受到精神创伤的人的数量不断递增。官员们这才明白，几乎所有人在战斗中被榨干到心理承受能力的临界点。所以到了一九四三年十一月，军队为每个师都安排了一位精神病医生，和士兵一同作战，他们负责军队在作战全过程中的精神健康——从训练营中表现出的士气，到在前线的治疗。每一万五千名现役士兵中，有一位孤独的医生在保护着他们的大脑——当然头盔也在保护着他们的脑袋。

战斗中，每个师的精神病医生都在医疗营的伤员清理连中治疗精神受损的士兵。这是在距前线几英里的地方搭起来的简易治疗站，其主要任务是缓解士兵的“战斗疲劳”，这是更新后的术语，第二次世界大战时叫作“炮弹休克”。无论怎么称呼，在某时某刻，只要听见大炮的声音，或看见弹片，或闻到浓烟和鲜血的味道，所有相关记忆就会形成一个感觉信号，作用于年轻人的神经，使他们坐立不安。如果不及时干预，战斗疲劳可能会造成毁灭性的影响，病人常常需要送回美国的综合医院；但如果在战场附近治疗得当，给病人服用大量镇静剂并加以安抚，这种疾病的治愈率很高，许多士兵几天就能重回战场。

一九四六年三月，军方解散了第九十七师，许多士兵乘着太平洋的海浪回家了。我的祖父留在东京第三六一驻地医院，担任神经精神科主任医生。整个春天，他都待在那里，主要工作是抑制大规模扩散的性病，对于那些离家千里又无所事事的年轻人来说不足为奇。祖父的多次退伍申请都遭到拒绝，他在越来越强烈的绝望之中挣扎，滋生出一种对军方的病态仇恨，他认为是他们阻碍了自己和家人团聚，断送了他的前程。大川周明需要接受精神检查以判定是否能接受审判的命令传来时，我的祖父刚好开始做噩梦，梦见他永远滞留在日本。

大川周明在东京审判时的奇特举止成了全世界各大报纸的头条新闻，美联社对于“这一震惊法庭的事件”的报道轰动全美，《时代》周刊写道：审判一开始就弥漫着吉尔伯特与沙利文的气息（译注：吉尔伯特与沙利文指英国维多利亚时代幽默剧作家威廉·吉尔伯特与作曲家阿瑟·沙利文的合作，两人在一八七一年到一八九六年长达二十五年的共事过程中，创作了十四部喜剧，其中最著名的有《皮纳福号军舰》《彭赞斯的海盗》和《日本天皇》）。一位记者怀疑，许多年后，人们回忆起这场历史性审判的开幕，可能只会记得东条英机被人拍了两下脑袋。《华盛顿邮报》刊登了四张新闻照片，题为《大川周明的重大时刻》。第一张中，大川把手伸向东条；第二张是他刚打完人，肯沃西上校从后面揪住他的衣领；第三张中，东条朝大川转头咧嘴笑；第四张，肯沃西按住大川的肩膀，大川茫然地盯着远处。

审判时，大川周明还差半年就六十岁了，他身高约六英尺，高于大多数日本人，非常瘦削，他曾经说自己瘦长的体形就好像“一栋破烂的小木屋”。他平时的穿着透露着一股贵族气息，为他奇特的身材裹上一层学者气质。他的牙齿歪歪扭扭，耳朵很大，脸颊又瘦又苍白，难怪一个美国人说他“毫无吸引力”。他的同胞也隐隐约约觉得他的面部特征不太像个日本人，他长着一双乌黑的眼睛，鼻梁上架着一副眼镜，镜片又厚又圆，让人一看就觉得神秘、诡异而又充满智慧。

无论大川周明的外表有多少缺陷，他都用他的智慧加倍弥补。他年轻时就开始以惊人的速度撰写大部头，内容涉猎极其广泛。他详尽地研究了西方殖民史、日本两千六百年的历史；他曾写过一部六百页的自传，对自己的见地感到满意后，就匆匆把书稿付之一炬；他精通康德和柏拉图，也深谙孔孟之道；他懂得至少八门语言，包括英语和梵语。不著书立说时，他就以教书为业；不教书时，则在日本最重要的智囊团里做经济分析师；不做经济分析时，就组建激进组织，好让他的想法为日本带来一些实际的影响。

年复一年，大川周明的想法确实深刻影响了日本。二十世纪二十年代中后期，他的著作和演讲反复敦促人们把整个东亚团结起来，抵御西方霸权。东京审判中指控他的人认为，这是“从心理上”让日本人为战争做好准备。三十年代早期，大川周明为一场起义出资，结果一位首相遭到暗杀。一些历史学家认为，这个事件正说明日本人把民主出让给了军权。一九四一年末，珍珠港事件后不久，大川在电台做了一系列讲座，介绍西方政治入侵的过程，并告诉听众，他曾经的预言将变为现实：日本和美国将卷入一场“你死我活的斗争”，为了世界的秩序，日本会取得胜利。

大川周明兼具卓越的智慧和暴躁的脾气，所以人们称他是一个“愤世嫉俗的知识分子”或“聪明绝顶的疯子”。当时有人评价说，大川的知识太渊博，难以成为爱国者，但是他又太热血，成不了学者。他两次受到监禁，和军方很亲密，和艺伎更加亲密，甚至娶了一个艺伎为妻。他信念坚定，因此被人们称为“日本的戈培尔”；他行为古怪，所以人们说他是“东方的堂吉诃德”。“他生来就一丝不苟，有条不紊，既紧张又充满激情。”一位精神病医生如是写道。酒精夺去理性，只留下激情：大川变得粗鲁、啰唆、易怒，他成了醉鬼。他最喜欢去的一家艺伎院的东家说，他一旦喝了酒，就和原来判若两人，就好像日本的“化身博士”（译注：《化身博士》是史蒂文森得意的代表作之一，因为书中人物杰奇和海德善恶截然不同的性格让人印象深刻，后来成为心理学“双重人格”的代称），在那样的情况下，他公然殴打他人也不足为怪。

大川周明在法庭上拍了东条英机的脑袋后几天，我的祖父在东京的第三六一驻地医院为他做检查，那时，大川卓越的智力似乎已经不再像以前那么有力量了。

我的祖父建议将大川周明从被告席上移除，理由是“他无法分辨是非，无法为自己辩护”。内村医生独立做出的结论与我祖父的意见相符。于是，大川被送往东京大学医院，后来被送往松泽精神病院，盟军希望大川能在那里康复。审判进行到一九四七年时，韦布大法官要求为他再做一次检查。内村医生认为大川仍旧无法出庭，但这次，另两位新来的美国医生（我的祖父已经回美国了）认为他可以出庭了。

那时，大家都对东京审判不耐烦了，希望赶快有个了结。韦布大法官得知两国医生的意见分歧后，要求大川周明不再参加庭审，不过将来可能就同样的指控再度进行审判。一九四八年，地狱般的庭审结束了，最终审判结果尘埃落定，大川周明的案件撤销。这样的结果让一些日本人很疑惑，他们对美国记者说，大川在“意识形态层面煽风点火”，理应“是战犯中的罪魁祸首”。

一九四八年十二月二十三日，东条英机和其他六名被告在巢鸭监狱外被绞死，其他人开始服刑，刑期从七年至终身监禁不等，另有两人在审判过程中去世。一个星期后，大川周明离开精神病院，回到东京西南角安静的家中，神志非常清醒。美联社称他是“二十八名被起诉的战犯中唯一逃脱制裁的”。

如果大川周明继续接受审判，他的刑罚无疑会很重，艾尔弗雷德·罗森堡和大川扮演的角色差不多，他在纽伦堡被判处绞刑（译注：艾尔弗雷德·罗森堡，德国纳粹党内的思想领袖。他是最早的成员之一。曾担任纳粹刊物主编和德国在苏联的东部占领区政府局长，经常对党内成员发表演说，内容包括种族清洗、地缘政治、生存空间和纳粹主义）。东京审判时，一些西方记者在新闻发布厅里做了一张记分卡，发现日本初期阴谋证据的呈堂证供对十名被告最为不利，这些人中五人被处死，四人终身监禁。

第十个人是大川周明。

了解我祖父的人，都能理解他为什么对服役经历三缄其口，沉默是他的天性。童年时，他就很少说话。一次，他在晚餐前随意说了句什么，以致他的母亲停下手上正在忙的活计，惊诧地说道：“天哪，真想不到这孩子还会说话！”他二十四小时没说一句话，这是一种用于考查青春期男性自制力的测试，由此他成了鹰级童子军的一员。成年后，他对那些不需要说话的活动特别感兴趣，比如钓鱼、摄影（他自己建了暗房）、观赏风景、赏鸟（他在厨房里放着一本鸟类图鉴）、下棋、欣赏古典音乐、喝马提尼（每晚六点准时喝），每次看完电影他都发表三个词的评论（《满洲候选人》：“国家与个人主义之争”）。

我的祖父是如此善于保持沉默，他把这变成了他的职业——他成了一个精神分析师。他就像冷爵士风格的乐手在炫技，要充分了解他所说的话是什么意思，你需要听懂他没有说出口的那些话。后来的岁月中，他的座右铭是马克·吐温说的一句话：“与其说话，让别人确定你是个傻瓜，不如闭嘴，让别人怀疑你是个傻瓜。”

祖父不善辞令，但上天赋予了他惊人的记忆力，他为美国历任总统的名字创造了一种独特的记忆法，开头是这样的：“当一个忌妒心很强的人去做苹果酱（When a jealous man makes apple jam）。”这里面包含着从乔治·华盛顿（when）到安德鲁·杰克逊（jam）之间的各位总统。如果你正好和他在一起，恰好对美国的第十五任总统很有兴趣，他就会向你述说一个忌妒的男人的故事，一直说到一个法国面包师（baker），然后说出詹姆斯·布坎南（James Buchanan）的名字。如果你正在享用着甜点，称赞这真是梦境中的美食，你就会听到我的祖父背诵《暴风雨》结尾普洛斯彼罗的演讲全文。有一次，我的祖母讲到五十年前送给别人的一件礼物，我的祖父纠正她："那可不是一般的柴可夫斯基的作品，而是这位大作曲家的《曼费德交响曲》。"我的祖父能通过一片树叶辨认出树木的名字，通过叫声辨认出鸟的种类，如果他先看到了小鸟，就能模仿它的鸣叫声，如果他活到今天，应该是苹果手机上的某种软件了。

无论人们所说的照相式记忆是什么意思，我的祖父都有那种能力。我的一位堂兄说，有一次他在我们祖父的书房里，随手从书架上抽出一本书来。祖父当时正在看《经典戏剧选》，头也不抬，就对那本书称赞了几句。我的堂兄一直是个可爱的调皮鬼，他颇具挑衅意味地随便说了一个页码，祖父就开始背诵那页上的内容，好像是把书拿在手里念一样顺畅，然后得意扬扬地咧嘴笑了一下，又继续看书。"我真想看见自己当时的表情。"我的堂兄说。即便这件事有点像是编造的——因为我的堂兄仍很调皮，大家也都同意。我的祖父真的就是这样，他的大脑一刻不停地工作，嘴巴却早早地退休，他的大脑系统就是为储存而造：大量吸收，微量释放——除了偶然的洞见或智慧。

一九四六年从日本回来后，祖父似乎更加沉默了，他的妹妹——也就是我的姑婆曾和我说："不是说他以前很爱说话，而是战后变得非常安静。"他在军中服役时每天给我的祖母写信，祖母说那沓信件是"对战争的完整记录"，她把它们放在阁楼上，放了四十年。然后有一天，他们即将搬离祖屋时，我的祖父发现了这些信，要求销毁。很显然，他觉得这些信里有些很严肃的东西，没有必要把它们保存在屋里最黑暗的角落里——即便也放着一些无关战争且无关紧要的东西，而且是常年闭锁的。虽然我的祖母强烈反对，但信件最终还是被销毁了。

我们永远无法知道那些信里究竟写了些什么，但在生命即将结束之时，我的祖父打破沉默，把他的战时经历写成一份叫作《战地精神病医生回忆录》的手稿。手稿充分反映了他回忆过往的能力，尽管他已患阿尔茨海默病多年，但还能清晰地记得以前的事。他去世前不久，我的姑姑问他那天午饭吃了什么，他记不起来，但这个问题让他想起了几十年前的一桩小事，他接着清清楚楚地说了一遍（译注：阿尔茨海默病是一种起病隐匿的进行性发展的神经系统退行性疾病，六十五岁之前发病者称为早老性痴呆，六十五岁之后发病者称为老年性痴呆）。

“爸爸，你怎么会记得五十年前的事，却不记得今天中午吃了什么呢？”我的姑姑问。

“如果你真想知道我今天午饭吃了什么，”我的祖父回答，“过五十年再来问吧。”

尽管祖父手稿中的客观事实无可置疑，但回忆录总体上是他个人的沉思录。无论当时是怎样的心理防御机制促使他销毁战时的信件，都为日后的《战地精神病医生回忆录》埋下了伏笔。和我见过的许多老兵一样，祖父也觉得他战时的工作不足挂齿。他以素描的方式记录下事件，把置身其中的人的情绪排除在外，或许战壕中的士兵也使用了同样的方法：他们的大脑暂时受到炮火的进攻，而心灵潜在表层之下，得到庇护。

唯一例外的，是我的祖父为证明大川周明精神失常这一结论所做的有力论证。在回忆录的这一部分中，他的语气不再冷若冰霜，而是充满激情，他这么做是因为并非参与东京审判的所有人都同意他的结论。二十世纪九十年代末期，祖父正在写回忆录时，偶然看到一套两卷本的《日本帝国史》，这套总共一千六百页的大部头，作者是前《时代》周刊记者戴维·贝尔加米尼（David Bergamini）。这部著作引起国际舆论的巨大反响，是因其认为昭和天皇（或称裕仁天皇）应该为日本在战争中犯下的罪行负责（主持东京审判的韦布大法官甚至为这套书写了一篇激情洋溢的导言）。我的祖父读这套书，不是因为它惊世骇俗的观点，而是因为它质疑了自己对大川周明所做的诊断。作者认为大川在法庭上的失控和之后的种种古怪行为都是他早有预谋，自编、自导、自演的，换句话说，他的精神失常是场骗局。

我的祖父从未料想到，他一生遵从马克·吐温的名言，几十年对自己的军旅生涯缄口不言，现在却成了别人眼中的傻瓜。

我从未问过祖父有关大川周明诊断的事，我有点害怕那会冒犯他的智慧，或许也因为我以为总有一天会有机会。但他去世后不久，也许是出于歉疚，我对这件事忽然兴致盎然。我到国家档案馆（National Archives）去了几趟，以我列的时间顺序草图为基础，搜集第二次世界大战时的资料。最终，我找到了一些有关大川周明的情报文件，这些资料向所有人开放。二〇〇〇年，《日本帝国政府战争罪公开法案》生效，东京审判后的那些绝密文档全部公之于世。二〇〇九年某个温暖的春日，我踏上旅途，却发现我的祖父一生中那段脆弱的往事，现在所有公众都有权了解它了。

最大的第二次世界大战资料收藏馆是位于马里兰大学帕克分校附近的国家档案馆，就在华盛顿环城高速公路旁边，为了与城里原来的档案馆区分开，这里叫作档案二馆。它宽敞明亮，充满现代气息，不是人们一想到历史研究就联想到的幽暗地下墓室。但是，尽管这里的设施尽善尽美，但查找资料就像在迷宫中穿行，仿佛是为检验人耐性的极限而专门设计的。你到达后要做的第一件事是把此行的目的汇报给停车场外的一个警卫，前面有一张标牌，告诫你和前面那位正在汇报的司机保持距离，前面的人说完了才轮到你。如果没等前面的人说完你就慢慢开上去，警卫会一脸严肃地挥舞着手掌；如果前面的人已经说完了你还在远处没开上去，警卫会挥手让你快点，不要拖延别人的时间。

走进档案二馆后，来访者必须把随身携带的物品放到传送带上检查，同时出示研究证。如果没有研究证，就要先在电脑上学习研究的入门技巧，然后拍一张照。电子产品——文件扫描仪、数码相机、电脑等，必须符合规定的标准，并且要在前台登记序列号。严禁带入研究室的物品（外套、钢笔、笔记本等）要锁在地下室的储物间内。如果你没有储物箱要用的二十五美分硬币，就要先去换零钱；如果你没钱换零钱，就要先去自动取款机上取钱。到此为止，你还要再经过一道安全检查才能走进研究室，一个警卫会扫一下你的研究证，让你念出电子设备上的序列号，以确认和你在前台登记时用的号相同。如果你带着手提电脑，就得把它打开，证明你没有夹带纸张。纸张必须盖上红印章，由档案馆的官员签字后才能带入。

主研究区域后面有一个小房间，里面放满了一排排导航用的文件夹——前提是你已拥有了高超的文献查找技能。这就是档案二馆的搜索辅助工具，它们为收藏的各种文件都添加了简要描述，每个存放文件的箱子上都标了号码，查阅前要登记，正式登记表一式四份，得用铅笔写得很重，才能在四层纸上都印出来，这还是假设你知道该把哪些数字填在什么位置的情况下。如果你不知道，就要先去问那天值班的档案管理员，这就意味着你得先找到一个有时间接待你的管理员，而那样的人是不存在的（这不是管理员的错，他们的能力都很强，只是人数太少了）。想减轻手续的烦冗程度，唯一的希望就是祈祷一位专业的管理员已经为你感兴趣的资料全部制作了电子辅助工具，然后提前很久上网查找，看看你的愿望是否成真，把辅助工具下载下来，腾出几天时间浏览，或者雇一个实习生帮你完成这项工作——光是日本战争罪行档案的目录就有几百页。

看完这些以后，通常你能找到的只是一个薄薄的文件夹，整个过程好像是为了看一张便条而不得不事先看完一本百科全书。

不过，有时那张便条上的内容值得你花费这么多工夫。我发现我要找的关于大川周明的信息保存在中央情报局的机密文件中，那是一九五八年的一份综述，在大川周明死后不久写的，情报局自战后就在追查他，综述有点像他们最后正式的结案陈词，里面写道：甲级战犯——判定精神失常——疑似装疯。

去华盛顿看望父母时，我更希望做的是仔细研究祖父的书房。书桌后挂着一张照片，照片里的祖父已是晚年，他那标志性的小胡子被岁月漂白了。照片是在大峡谷拍的，坐在祖父身边的是他最小的儿子，也就是我的父亲，他们戴着牛仔帽，面对峡谷，背对镜头，好像是在沉思着一幅宏大的画面。这张照片旁边是几十年后拍摄的另一张照片，我的父亲和他最小的儿子——我的弟弟——并肩坐着，这是模仿的老照片，连帽子和坐姿都一样。祖父书房里的书柜从地面一直顶到天花板，他的老相簿放在书柜的最上面两层，满是积灰，他的精神病学书籍放在另一格的最上面两层，也全是灰尘，其中有费尼切尔的《神经症的心理分析理论》、赖克的《用第三只耳朵倾听》、利兹的《精神分裂症的起源和治疗》等。书柜之间的调酒柜上方放着一把武士刀，那是祖父在美军占领日本时带回来的，刀摆在一个双层的刀架上，日光灯勾勒出刀锋的形状。刀旁边放着一个铜质相框，相框里是一张祖父在第二次世界大战时拍摄的照片，他穿着军医制服，微笑着，那时他还年轻，两撇小胡子还是黑色的。

书房仿佛一座神龛。

我从小到大都不愿意相信祖父可能是犯错了。尽管戴维·贝尔加米尼是个阴谋论者，学者对他的结论和方法也冷嘲热讽，但中央情报局的结论彻底否定了祖父对大川周明所做的诊断。这些年来，我不断看到其他人提出的疑问。大川打了东条英机的脑袋后几天，一则新闻中就报道说，法庭上有些人觉得大川“在演戏”；参与东京审判的一位辩方律师认为，大川周明这么做是为了“逃避这场危险的闹剧”；另一位律师觉得大川发疯的时间太偶然了，令人难以置信；根据可靠来源，荷兰大法官B.V.A.罗林说，他认为大川欺骗了法庭和精神病医生；最后是对大川本人的采访，考虑到当时已是一九五二年，他的精神已经康复，过着平静而充实的生活，他对东京一家报社的记者说：“我的精神没有严重问题。”

所以，我把证明祖父的分析当成了一项使命，如果不这么严肃，将会破坏他留给我们的神圣遗产。“我的一生，人们都在问我是否明白我的父亲有多聪明。”当我向我叔父说起中央情报局的综述时，他这么说道，语气有些轻蔑，“没有一个病人能骗过他。”有一天，我在书房（它现在是神龛）的一个文件柜里翻找东西。柜子里塞得满满的，我找到一封祖父写给《新英格兰医学期刊》编辑的信，里面详尽而科学地解释了大川周明的发疯以及事后的痊愈。信是一九九六年写的，当时他刚写完回忆录。我忽然明白我的祖父没有机会亲口把这些话说出来，他把答案带进了坟墓［译注：*New England Journal of Medicine*，是由美国麻省医学协会（Massachusetts Medical Society）所出版的同行评审性质医学期刊，也是目前全世界最受欢迎，知名度最高，最具权威性的综合性医学期刊之一］。

写我的祖父，最大的问题在于我不了解他。他的一生都很沉默，也没有留下多少后代。我唯一的选择就是从皮毛开始，一寸一寸深入，去分析这位精神分析专家。我把他回忆录中出现过的人名一一找出，通过谷歌找到他们所在的位置，到全国各地去拜访他在医疗营的旧战友。我回到档案二馆，在一沓陈旧的布鲁克林档案中把这位“老布鲁克林人”的档案翻出来。随意翻阅了一些资料后，我得到了非常振奋人心的信息。他烧毁了保存在阁楼上的战时书信，或许燃烧时产生的烟雾还在我童年时代生活过的地方缭绕不去，如果确实如此，我一定是吸入了烟雾，也许是它影响了我的神经，引导着我的本能。祖父的沉默把景仰他的家人拒之于千里之外，我想：我兴许能把这些归还给他们，倘若他们不能知晓回忆录中的内容，至少可以领会其中的精神。

当然，为了做到客观公正，我还得了解大川周明。我读了所有能找到的英语资料，包括东京审判中控方整理的几千页文件。我反反复复地观看东条英机被打的一幕——感谢网民，他们把这个场景制作成了动态 GIF 文件。我了解了驱使一个小小的亚洲国家去侵略美国的社会、政治和历史背景。很奇怪，我虽然上了很多年学，却从来没看过这段历史。我在日本住了六个星期，遇到一群大川周明的忠实崇拜者，他们每年都在他的家乡举办集体纪念活动。我遇到一些一生致力于研究大川思想的学者。我甚至见到了东条英机的孙女，她觉得她祖父被打十分滑稽。我见过的好几个人都确信大川周明是在演戏，所有的人都有疑惑。

我时不时回到那间神龛一般的书房，慢慢地来回踱步，偶尔抬头看看调酒柜上面的那把武士刀，日光灯的一道白光洒在刀刃上，像一个永不止息的鬼影。

第二章

年轻的爱国哲学家

生命是什么？

——大川周明日记，1904年1月12日

大川周明从来不想过他父亲那样的生活，但他花了很多年才明白他想要过怎样的生活。他出生于一八八六年十二月六日，即明治十九年，家乡在酒田市，那是坐落在日本海旁边的港口小镇，位于本州岛北部边缘。大川家的男人世代行医，在封建时代，他们效忠于当地的藩王，后来则为镇上的平民看病。他降生时，家道已经开始没落，社会地位不再那么显赫，房子也不那么大了。但是，从一开始，家人就期望他能继承父业——尽管他本人渴望做一些违背家庭传统的事。

大川周明的父亲大川秀宪（Okawa Shuken）总是骑着一匹阿拉伯马四处行医，在当地很有名。秀宪是一位训练有素的眼科医生，不过不得不经常作为全科医生到农村为病人治疗。他医德高尚，富有同情心，常是病人能给什么作为报酬，他就接受什么。但他很爱喝酒，偶尔也令人讨厌。有时他假装不在诊室，有时直接拒绝治疗那些他不想治的病人。秀宪阴晴不定的性格和妻子的沉静恰恰相反，大川周明常常说他的母亲就像中国的观世音，能滤去喧嚣，留下平静，在他的一生中，每当遇到困难，就会向母亲寻求力量。

大川周明年轻时，这两种相反的性格特征似乎总在他的体内拉锯，他固执、情绪化、躁动不安、吵吵闹闹。他的反复无常使他经常从树上跌下来，因此造成永久性的视力损伤，戴上了厚厚的眼镜，除了异于常人的身高，这是他最为显著的特征。他非常好学，像大多数男孩热衷于漫画那样，他沉浸于中国古籍、外语、哲学和宗教教义之中。到大川家访问的客人无一例外地会看见他在专心致志地看书，或在房子里跑上跑下，和他的两个弟弟玩战争游戏。他的性格是高尚和低俗的混合体，保持着一种充满热情的耐心。

大川家的男孩没有得到过父亲的多少关注。往好处想，可以认为大川秀宪希望他的孩子学会独立思考；不太善良的揣测则是，他根本就不在乎。无论如何，大川周明后来在监狱中回顾自己的生活时，都记不起父亲曾经启发过他的智识，或给过他道德上的建议。年轻的大川周明把最伟大的武士之一西乡隆盛视为楷模。当今的美国人可以通过汤姆·克鲁斯主演的《最后的武士》了解西乡其人，十九世纪末期，酒田市的青年则在学校里学习他的故事，他是武士精神的完美表率。上初中时，大川对西乡的一条座右铭“敬畏诸神，热爱人类”印象最为深刻。这句话镌刻在他的脑海中，以后的几十年里，他都把它教授给自己的学生。

西乡隆盛的性格中兼具强硬粗犷和沉静细腻，这点和大川周明很像，后者对精神生活的热诚和他的行动能力完全同等，是一个爱国哲学家。

虽然大川周明和父亲的关系疏远，但在成长过程中，他一直明白自己应该继承父业。在日本，家族的责任远比个人的愿望重要。几个世纪以来，个人的位置早在他出生那一天就已成定局——武士的孩子成为武士，农民的孩子成为农民，町人的孩子成为低等商人，大川家的孩子成为医生。但大川周明越是认真思考他的命运，问题也就越多。他本人半失明，不可能像父亲一样成为眼科医生，所以他渐渐被基督教吸引，希望能像救治人的身体一样去挽救他们的精神。但是在他追求全新的事业之前，他需要得到父亲的应允，才能背弃旧的事业。

大川周明十七岁生日前后决心成为教师。他给父亲写了一封十页的长信解释——现在看来非常周密和谨慎，首先是身体上的原因（视力太差）和道德上的正当性（教育改善个体的行为，进而提升整个社会），其次是他的计划（先在东京念书，然后去美国深造）。父亲像对待被他冷落的病人一样把这封信放到一边，下了一份最后通牒：周明要么延续家族的传统，要么就彻底与家族断绝关系。这样的回复令大川周明的心为之一颤。

“生命是什么？”一九〇四年一月十二日，大川周明在日记中这么写道，“除非我能解开这困扰着我的难题，否则我将永远手足无措。悲伤和痛苦让我饱受煎熬。”

从某种程度上说，十九世纪末期的日本和大川周明受着同样的煎熬。从一六〇三年开始，日本就是一个由德川幕府统治，刻意与世隔绝的封建社会。一八五三年七月，马休·佩里准将带着一队美国军舰抵达江户湾——江户是东京的旧称，企图为对外贸易打开门户。虽然一纸协约最终签订，但这残酷的试练使日本爆发了内战。最终由西乡隆盛率领的起义军打败幕府，明治天皇才得以重新掌权。一八六八年，日本明治时代开始，新的领导者们把注意力转向这个国家未知的未来，不断自问：生命是什么？

他们的回答是：建立一个完全照搬西方模式的文明。首先，废藩置县，取消封建时期的藩地，取而代之的是与国家性质相似的县，各个县服从于中央政府；然后，新的领导者一点一点地建设全新的社会基础设施。很快，日本人就不再使用阴历而改用公历，他们通过电报、邮政、铁路网与彼此联系，让孩子接受全面的文理科教育。经济生机勃勃，人们热情地接纳新的税收、银行和工业体系。他们住着西式建筑，穿着西式衣服，吃着牛肉，喝着啤酒，剪了头发。一八七四年，一名日本官员说："今天这里的一切都是从西方学来的。"

这就是明治维新以后的生活。国家身份发生着迅速而彻底的改变，新宪法的实施标志着改变达到了顶峰，西方的理念自此和日本的传统紧密交缠。一方面，传统将天皇视作"至高无上和不可侵犯"；另一方面，议会制正在慢慢形成。天皇或许仍是新政府中的太阳，但首相、内阁、两级立法机构构成的贵族院（任命制）和众议院（选举制）构成了新政府的运行轨道。一八八九年二月十一日，明治天皇认可了这一新的政体，东西传统珠联璧合。那一天是日本于公元六百六十年建国的纪念日，但天皇穿着西式服装，采用欧式的礼仪接受文件。

全世界都为日本的飞速发展瞠目，但这同时也触怒了日本许多民众。武士文化和封建社会一道消亡了，武士失去了可以侍奉的藩王，也就是说他们失去了谋生手段（新政府经济能力有限，不能提供传统的大米补给）、作为战士的身份（过去认为政府征兵是高等的），以及他们的外在形象（禁止佩刀）。许多武士成了浪人，原本以农耕为主的经济结构现在严重依赖制造业，劳工问题浮出水面，对物质的强调引发了道德冲突。越来越多的佝偻着背脊的浪人身影被大烟囱和铁轨湮没，日本的历史被西方的现代性瓦解。

日本领导者看着这一切，喜忧参半，日本为了融入未来的全球化进程而牺牲了几个世纪积累起来的文化。一八八七年，中江兆民出版了一本明治哲学寓言《三醉人经纶问答》。内容如题所示，写的是三个人喝下大量白兰地后开始辩论国家的未来。一个醉鬼毫不迟疑地说，日本应当全力吸纳西方理念；另一个更欣赏传统的武士价值和强大的国族身份；他们的主人主张折中。三个人把最后一滴酒喝完了，却没有达成共识。

年轻的大川周明揪心不已，他是大川家第一个生活于明治时代的人，前途一片灿烂，他渴望自己的人生像西乡隆盛那么有意义，但他也清楚基督教和西方教育的优点，尊重家族传统，因此要背离父业之时不忘征求父亲的允许。他很像当时的日本：才能非凡，野心勃勃，却仍感到一丝迷惘。

随着时间的推移，大川秀宪终于应允了儿子的请求，或许是他仁慈的一面终于克服了他严厉的一面，或许是他儿子太具有说服力了。但不管什么原因，大川周明获得了自由。他一分钟也没有浪费，一九〇四年夏天，他为在东京举行的高中升学考试做准备，然后去了离家一千英里的熊本县，进入第五中学学习。那时，日本的高中是培养未来国家精英领袖的地方，几年前日本教育部长说，高中毕业生应当成为“能够引领大众思想的人”。

无论大川周明是否听过这样的教诲，他在第五中学的三年中都在培养这一本能。他参加辩论队，形成了理性与激情相辅相成的演讲风格。有一次，他批评一个队友陈述自己的立场时“缺乏激情”，这导致一条精心准备的论点处于下风。

大川周明对社会主义很感兴趣，虽然时间很短，他利用自己校刊编辑的职务传播自己的激进思想。他那时写的文章有两个核心观点：第一，物质主义与对精神生活的追求相抵触；第二，要追求精神生活必须有基本的物质条件做保障。他用《金钱是肮脏的吗？》这样的文章题目来调动读者的情绪，但他主要的观点来自当时的经济学家理查德·T. 埃利（Richard T. Ely）、马克思和耶稣。他善于运用修辞，“只有通过共同劳作，”他写道，“我们所有人同时重重砍向根部，即发动革命，才能改变体制。”

深藏于大川周明内心中充满激情的耐性找到了外在的表达方式，他在学习何时发言，何时沉思，何时启迪，何时教导，他的话语清晰地透露出他想成为领袖的野心，现在，他需要的只是一个把野心付诸行动的理由。

一九〇六年八月末，这个理由终于出现了。那时学校里流传着一个消息：日本大使栗野慎一郎的儿子获准转学。当时，日本国内是不可以转学的，所以这显然是权贵之家在背后起作用。大川周明知道是时候行动了，他迅速召集了一些同学给校方写信，斥责这种偏袒行为是“厚颜无耻”地滥用财富和权力，并要求他们撤销这项决定。然后，在一次全校学生的集会上，大川发表了一场激情洋溢的演讲，号召所有年轻人把他们的原则付诸实践。“所有人！”他嘶喊道，“你们会站在我这一边吗？”愤怒的学生罢课两天，最后，校长和班主任被迫辞职，学生没有受到任何惩罚。在后来的几年中，第五中学的学生都怀着仰慕的口吻谈论栗野事件，大川周明成了当地的传奇人物。

十九岁的大川周明已经有能力引领众人的思想。他所做的不仅仅是传道授业，更是调动别人的精神，这符合他独特的哲学爱国主义。他知道自己独一无二的性格能够征服权威，他年纪轻轻就已两度获胜——如果把父亲的妥协也算在内的话。但他不可能知道，这样的事件在他今后的生活中会接连不断地上演，他更不可能预料得到，这些事件让日本的历史改头换面。

一九〇七年秋，二十岁的大川周明升入东京大学，同学们把这个高高瘦瘦的男孩叫作“长颈鹿”。他如饥似渴地阅读哲学书籍，就像长颈鹿“咔嚓咔嚓”地嚼着树枝一样，完全沉浸在自己的热情之中。到年底时，他的身体就无法招架了，先是精神崩溃，而后染上了肺结核，最严重的时候，几乎就要死了。

但大川周明活了下来，他休养了一年后重新回到学校，看上去与之前判若两人。大川对一个同学说，上高中时，他的心“曾为贫穷的手工业者颤抖”，现在他则“迫切地感觉到要先救自己”。他进入学校新成立的宗教学系，研读东方思想和德国伦理学，最终专注于印度古代典籍（他的论文写的是古代印度哲学家龙树，有时人们把他和圣·奥古斯丁相提并论）。课余时间，大川加入了一个叫道海的学生社团，社团有点像一盘宗教思想大拼盘，把孔子、佛教和基督教思想结合在一起。道海社鼓励学生永不止息，以不同的方式去追求真理，而不要总是一成不变。到那时为止，大川周明还没看到过与他的精神更加契合的箴言。

一九一一年，大川周明从东京大学毕业，此后一直在图书馆里看书，一段时间看吠陀文献，一段时间看印度古典哲学，一段时间看伊斯兰典籍。他在一所中学教过英语，但似乎已不再像年少时那样渴望做老师了，甚至连同志社大学邀请他担任宗教学教授他也拒绝了，转而以为日本军队翻译德国文件为生。完成每天的工作后，他就去图书馆，在自己脑中的世界里徜徉。

一九一二年七月三十日，明治天皇驾崩，大川周明的精神陷入高度紧张的状态。日本的天皇数量本来就很少，更没有几个像明治天皇一样受人爱戴。公众举行公开的悼念活动，报纸刊登特别报道，回顾他在位期间日本取得的辉煌成就，作家纷纷撰写文章歌颂“明治时代的骄傲”，灵车经过宫殿大门口时，礼炮响彻江户上空。同一时刻，日本的战争英雄乃木希典和妻子在离江户不远的家中，坐在明治天皇的画像面前，双双剖腹自尽，这是古代日本武士向逝去的主公致敬的方式。

天皇和乃木希典夫妻的死把大川周明从沉睡中惊醒。明治天皇的去世让他更加确信天皇在日本人生活中的重要地位，乃木希典的剑则让他想起了年轻时所尊崇的武士道传统。一瞬间，为国家献身的冲动涌上他的大脑，后来他把这种体会称为“日本精神”。“我开始明白了日本精神的伟大，”他说，“我忽然明白了应该是这个种族让这个国家变得更加强大。”他感觉他的灵魂经过了一段漫长的奥德赛，现在终于回归了。

大川周明的回归迫使他直面当时日本最棘手的问题：这个国家在现代化过程中丧失了什么？他在冈仓天心的著作中找到了答案。冈仓天心是著名的东方艺术学者和日本文化批评家，关于日本在世界上的地位，当时鲜有学者比他更具权威性。他能说流利的英语，穿着剑道服装在西方各地游历。他在波士顿美术博物馆管理日本藏品长达十年。他的《说茶》是一篇关于东方生活方式的长文，在美国新纪元商店里随处可见。在这个过程中，他把国际术语用于整合日本国内的大辩论。“一场伟大的战役在我们之中爆发了……那便是东西观念之战。”他曾经这么说道。

《东洋的理想》是冈仓天心最负盛名的著作，他在此书中号召全体亚洲国家联合起来，保护东方“精神”免遭西方侵蚀（本书出版于一九〇三年，用英文写成）。像大多数人一样，冈仓天心认为英美文明的基石是物质的丰裕和军事力量的强大，亚洲的生活方式则是以精神和道德为基础的。本书开篇有一个非常有名的词语——“亚洲一体”，他用这个词语表达他对一个统一的亚洲的渴望，并在最后呼吁所有亚洲国家联合起来重塑自己的文化。假如亚洲联盟真的形成了，日本将会顺理成章地成为领袖，因为它既“忠于亚洲的灵魂”，又“拥有现代化的力量”。书的结尾，冈仓天心直言日本肩负的任务：“不仅要回归过去的理想，更要把复兴旧日的亚洲共同体当成我们的使命。”

一九一三年初，大川周明参加了冈仓天心在东京大学举办的一系列讲座。他为自己能重新发现日本的传统兴奋不已，觉得和冈仓天心惺惺相惜。冈仓天心的大部分哲学理念与大川本人的人生道路相契合：处于传统和反叛的十字路口上。当年九月，冈仓天心去世，但大川周明已经准备好成为他精神上的继承人了。他对冈仓天心的教诲非常痴迷，才听了三个月的课，就把一份完整的日语翻译版《东洋的理想》寄给了一位杂志编辑，甚至把冈仓天心讲课的内容都记录了下来，于几年后出版。一九一三年夏天，大川周明夜晚散步时常常思考东西方价值观念的冲突，心头涌上一股愤怒的火焰。他青年时代对意义的追索终于结束了。

那一次，大川周明走在东京神田区，正巧路过一家二手书店，橱窗里一本名叫《新印度》的书引起了他的注意。他本以为这本书对印度的描述会符合他这些年来根据读过的灵修书籍构思的印度图景：一个宁静的天堂，能赋予人们宗教的智慧，一个能够让佛陀居住的地方。然而，书中的印度却是一个被英国殖民者蹂躏的国度，作者亨利·科顿（Henry Cotton）爵士在英国驻印度大使馆工作了几十年，他感到印度国内风起云涌的爱国主义浪潮即将达到沸点，一个由当地人主宰的“新”印度将应运而生。

科顿希望英国人能引导印度逐渐转变为一个独立的国家，而非抑制这一势头，但他又害怕英国人的优越感太强，不可能允许印度走这条路。“印度进步的浪潮，”他写道，“就快冲垮英国人用偏见筑起的防波堤了。”大川周明欣赏科顿的诚恳和直接，但《新印度》一书的内容却让他感到惊讶、悲伤和气愤。他为印度的真实情况感到惊讶，为英国统治者的镇压感到悲伤，为没有一个亚洲邻国——特别是日本，去帮助印度感到气愤。

看完《新印度》后，大川周明回到图书馆，找了所有描写当时印度状况的书来看。“我看得越多，就越明白，广大的亚洲大陆上没有一个角落不受到白人的践踏，所有的民族都会受到白人的奴役。”他后来说，他当时写下这些话时，脑中好像有一道灵光乍现，但这种认识是逐渐形成的，人的性格不可能突然变化。可以肯定的是，从这一刻开始，他决定不再做一个遁世的学者了：“我的心灵不能再在远离尘世的冥想中获得满足了。”当时他头脑中的一套套理论就像暴风雨来临前涌现的云块——东西方价值的冲撞，亚洲崛起的希望。长久以来，他都是一个富有哲学家气息的爱国者，这是思考和行动的奇异结合。现在，二十七岁的他，明白了其中的意义。

一九一四年，即大正三年，五月三日，大川秀宪去世，他设法防止斑疹伤寒传播时被一个病人感染，死后尸体立即在鸟海山对面的一座小山丘上火化。大川周明和母亲一起守丧三个星期，闭门谢客。大川秀宪把家族房产留给了长子，且信守承诺，答应让周明去追寻他理想的事业。周明感动不已，恳请帮助两个弟弟完成学业，就好像父亲帮助自己一样。他写了一篇祷文，把父亲的死比作战死沙场的士兵。大川周明觉得父亲是一个精神上的武士，和西乡隆盛或乃木希典无甚两样，都把个人美德置于最高位置。大概是从那时开始，周明的自我期许也是如此：“成为一个武士，”他日后写道，“为亚洲的复兴鞠躬尽瘁。”

我和我的翻译千明一起去酒田市了解大川周明的家族史。千明是个和善的日本女子。我们的向导是大川宪明，是大川周明的孙侄子。大川周明本人没有孩子，宪明已是我能找到的和大川关系最密切的日本人了。我们在我住的传统日式旅店的大厅里喝绿茶，过了几分钟，我把一份祖父为大川周明做的诊断交给宪明，他向我表示感谢，但没有对结论发表任何意见。我决定先不催他，因为一旦打开这个话题，不知他们是否仍会欢迎我。

我必须承认，我模模糊糊地感觉到会在酒田听说一些类似丑闻的事情。请理解，我看了很多有关大川周明以往生活放荡不羁的资料，比如酒樽、艺伎、军事野心，并且我看的多数东京审判文件都把他写成一个战犯。我预感会有黑帮成员来敲我的房门，警告我不要继续污蔑他们的精神领袖，然后用刀割下自己的一截小拇指表明他是认真的，我简单的美国头脑确实设想过这一切。好吧，这些场景真正发生的可能性微乎其微，但我依然能感到和大川家关系最近的人不喜欢我这个乘着高速列车来的西方人拿着一份精神诊断报告招摇过市。

事后看来，我唯一需要担心的，是过分的慷慨。宪明是一个亲切顾家的男人，他想方设法来满足我的好奇心，特意请假过来找我。

因为对花粉过敏，他进屋时戴着口罩。宪明快五十岁了，看上去却只有三十五岁左右，他的容貌和照片中的大川周明很像，只不过他留着长发，戴着方框眼镜。他对我说，近几年来，不断有日本记者写信来询问有关周明的消息，他觉得有义务向他们提供准确的信息。而我是第一个美国人。

“第二次世界大战结束六十年后，人们忽然对他感兴趣了，”宪明说，“我们家忽然间来了很多访客。”

第二天清晨，我们去参观大川周明的纪念碑。纪念碑就立在日枝神社入口处，神社高高的大门是红色的，明显是受到西乡隆盛的影响。纪念碑是一块巨大的椭圆形石块，宽十英尺，高五英尺，是从鸟海山附近挖出来的。碑上刻着一首用汉字写的诗，赞美大川周明为亚洲复兴所做的贡献，诗中说他从未说过一句违心的话，即便这样做的代价是身陷囹圄，诗句把大川的思想比作一阵轻轻拂过社会的微风。那天，日本海上微风拂动，树枝和小草在风中摇曳，向石碑靠过来，好像是在表达赞许。

随后，我们去宪明家里吃午饭。我们围坐在西式餐桌边吃寿司，因为他们知道美国人不能像日本人一样长时间跪坐在地上。隔壁房间里放着一尊小小的武士塑像，挂在上方画框里的是纪念碑上的那首诗。那块石头和诗是一个叫作大川周明联盟的全国性组织赠送的。我问联盟具体是什么意思，大家都笑起来，说最贴切的翻译大概是“书迷俱乐部”，不过也有点“邪教”的意味。“是个没什么害处的群体。”他们补充道。每年十月，会员都会在酒田聚会，到石碑前祈祷，祈祷完了去喝酒，一边喝一边讨论大川周明其人。

那天，联盟中一个名叫加藤宪史郎的人和我们同行，他或许是地球上唯一的九十岁了还留络腮胡的人。加藤曾是大川周明的学生，二十世纪三十年代时，他在一所叫大川宿的亚细亚主义学校里念过书，他谈起老师时仍加上“先生”这一敬称，名片上还写着大川学院，就好像是昨天才刚刚毕业的。

“大川先生对学生说要做诚实和善良的人，”加藤吃午饭时说，这些教诲最初是西乡隆盛提出的，“诚实，指的是对你自己，对别人，对神；善良，指的是真诚和友善。”

大川宪明说他从未亲眼见过这个举世闻名的叔公，但他父亲一直说那是个“伟大的人”，他的名字是大川秀宪名字中的“宪”字和周明中的“明”字组合起来的，他非常看重自己作为家族史管理员的任务。

“我像他那么大的时候，就看见联盟成员来拜访我们。”宪明一边说一边亲热地拍拍八岁大的儿子，这孩子正在打电玩，一边打一边高声说话。“在那之前，人们说到大川周明时只记得他在东京审判时可笑的举动，”他说，“现在人们看待问题的角度不同了。”

我问宪明，大川周明的经历是否给他的成长造成过阴影。他说，大约在五年级时，一位老师对全班同学说他的亲人是日军暴行的始作俑者。宪明的母亲整个中午没有说过一句话，这时忽然插嘴，说她还记得那位老师的名字。“我把这件事告诉了我的父亲，他回答：‘我觉得你们的老师说错了。’”宪明说。

我们开始谈论东京审判。过了几分钟，我又找到了一个机会询问宪明是怎么看待有人认为大川周明装疯这件事的。

“人们还在谈论这件事，是因为他打东条的时间太巧了，”宪明说，“但他既然接受了你祖父的检查，结果该是确凿无疑的。”

加藤表示同意：“我们都认为大川周明想接受审判，运用合乎逻辑的方式解释日本为什么参战。我觉得他不会是那种靠装疯逃避制裁的人。”

黄昏时，宪明开车带我们去大川的家族墓地，墓地在一座山坡上，俯瞰群山。大川周明的一部分骨灰埋在这里，就埋在他父亲的骨灰旁边。宪明在花瓶里插上花，点上香，按照佛教的传统在墓碑上洒水。下山时我们开了一小段路，来到另一座神社前。天黑了，风还是很大、很冷，我们脱掉鞋子踏进神社时更冷了。宪明指了指我们头顶上的一块牌匾，上面用大大的日文写着神社的名字，他说那是大川周明的亲笔。我渐渐明白了这一切对他而言是多么重要，我所看见的一切代表了大川精神性的一面，那是盟军的文件里不曾透露的。让我有些惊奇的是，加藤和宪明同意大川周明在东京审判时失控了，我原本以为任何站在他那一边的人都不可能同意我祖父的诊断。站在寒冷的神社里，站在周明的墓碑旁时，一切都变得可以理解。只有当一个人自知犯了错时，他才可能试图逃避审判，但根据加藤和宪明所了解的大川周明，他是一个道德感很强的人。很长时间以来，我都执着于了解大川是否用装疯来隐藏他的罪行，根本没有想过，他可能认为自己是清白的。我们在黑暗中站了几分钟，木板在风中吱吱作响，他们祖先的鬼魂就住在里面。

第二天傍晚，大川宪明来旅店和我告别，在佐藤正一（Sato Shoichi）来之前，千明就请大川回去了，这两个人明显合不来。佐藤是大川周明联盟的管理者之一，应该说是总管酒田市的分部，你或许以为他们是同乡，且追随着同一位历史人物——若非崇拜的话，理应很亲近才对，但事实绝非如此，我是后来才发现，这中间其实发生了些什么。

佐藤的外表出乎我对一个联盟成员的想象，也就是说有点格格不入。他走进旅店时穿着脏兮兮的裤子，歪戴着一顶奇怪的棒球帽，上面写着“The Bird of the Fighters”，他的上牙中有五颗连着向外凸出，他当时七十一岁，看着比这个年龄要苍老，而我看见的大多数日本人看上去都比实际年龄年轻。他没有打伞，浑身湿透，还滴着水。从旅店老板娘的表情来看，如果来人不是来见我的话，她很有可能不会让他进来。

“在二十五年前，如果你去大川家拜访，当地警察就会开始监视你，”佐藤说，“我是联盟的成员，所以现在还常有警察找上门，不过我没有危险的想法。”

佐藤从风衣里拿出他最喜欢的关于大川周明的书和文章，他用塑料纸把它们包起来防止被淋湿，和他对待自己的方式很不同。

“我们所做的只是悼念大川周明，”他说，“我们不打算政变。”

我邀请佐藤一起吃晚饭。我们三人走过大厅去旅店的餐厅，我发现女招待的表情和几分钟前老板娘的表情一样，让我们坐在餐厅的最后面。佐藤把帽子放在餐桌上，我们点完菜后，佐藤说他以前和大川一家关系很好，现在疏远了。

“宪明是个平常人，具备常识，”他说，“但和大川家的其他人不同。我认识他们。”他顿了顿，又说，“他可能觉得我不太一样。”

“他们是什么样的？”我问。

“宪明的父亲是一个你要他往左他偏要往右的人，”他说，“这点和大川周明很像。”

然后，他把棒球帽扭得更歪了一点。

第二天早晨，佐藤带我们参观酒田市，他还戴着同一顶棒球帽，只不过反过来戴了。酒田曾经是一座繁华的港口城市，现在让人感觉好日子一去不复返了。我们经过一家商店，门口挂着一张英语告示牌，上面写着“抱歉，我们正在营业”，情况由此可见一斑。佐藤是第二次世界大战结束后不久和母亲一起搬来这里的，他说，他的父亲于日本投降前一个月在一艘军舰上阵亡了。他和其他人一样了解酒田，实际上，他可以算是酒田的城市史专家了，不过他并不怎么在乎这些。我问他既然不喜欢这座城市，为什么要研究它的历史，他回答说：“打发时间。”

大约中午时，佐藤带我们去了一栋房子，联盟在那里放了一尊阿弥陀佛像，这是大川周明的遗物。他说，这是全城唯一的只有他才能向我们展示的东西。一对面善的年轻夫妻把我领进房间，里面铺着榻榻米，他们让我们坐在矮桌边喝茶（他们说我不必跪坐着，美国人不会跪的传闻应该已经传开了）。佛像约一英尺高（约三十厘米），放在墙边一块凸起的平台上，外面罩着一个玻璃罩。

佐藤走近佛像时脱下了帽子。

佐藤说，这是大川周明写了一本畅销书后所得的稿费，大川对出版商说他不想保留版权，对方就送了一尊佛像给他。我再次自问：东京审判文件中的大川周明形象，是不是失真的？我在西方了解到的恶魔，并不把金钱置于他们的信念之上。我们坐着凝视佛像，听着佐藤满怀柔情地谈论它。他是怎么把佛像从东京国立博物馆中拿出来的还有待考察，他的视线一刻都不能离开佛像，连洗澡时也带着。佛像在大川宪明的家里放了一段时间，后来他又拿回来了。

“虽然大川家很想要这尊佛像，但我想让它归联盟所有。”佐藤说，“这就是我们关系不好的原因。”

回旅店的路上，佐藤说，有时那些想研究大川周明的人来到酒田只和大川宪明联系，而不找他。我明白大川家为什么要这样，因为宪明为他叔公塑造了一个完美形象，而佐藤则总是在边缘徘徊。从某种程度上说，佐藤似乎更理解周明的两面性，这是大川家不希望外人知道的。他注重精神生活，满怀虔诚，所以对一尊佛像如此崇拜，然而，他又离经叛道，把佛像偷出来。在酒田的街道上散步时，他常常收到年轻的右翼狂热分子加入联盟的请求，但他一向拒绝，因为他们不能透彻地了解大川周明的性格。

“他们只是蛮干，不怎么思考。”他说。

回到旅店后，我问佐藤对于大川周明在东京审判时装疯的传言怎么看，他说，他从没怀疑过大川是真的疯了。他还说，一些人认为他是在模仿武士。在之前，如果武士企图逃离他们原来效忠的主人，就会选择装疯。之所以那么难以判断，是因为大川本人对自己的处境总是有不同的说法，常常是大家觉得他该往右，他却往左了。

“我们筹钱建纪念碑时，人们总是问我这件事。那样的故事给我们添了很多麻烦。”佐藤停下来，好让千明翻译，又或者只是想自己思考一会儿，“宗教学天才或作家，离发疯总是只有一步之遥。”

第三章

莱姆街上的老屋

晚饭后我们收拾餐桌，我发现她在轻声哼歌，轻得几乎听不见。我就问她，她说每次她在忙碌或遇到麻烦时就会哼歌，我却从没印象，或只是潜意识里觉察到了。

——丹尼尔·贾菲描写看望母亲时的情景，

发表于《心理分析季刊》，1983 年第 4 期，第 52 卷

从我祖父对于他母亲生活的了解来看，她显然精神紧张。她名叫埃丝特·朱克曼（Esther Zuckerman），一八八四年出生于明斯克州的一座小镇上。今天，明斯克属于白俄罗斯，但在十九世纪末期，这是犹太人聚居区的一部分，位于沙俄帝国的狭长边缘，百分之九十四的犹太人挤在百分之五的空间里，他们经常遭到名为种族清洗的暴力袭击。一个叫作保利娜·温格罗夫的女人当时住在明斯克附近，她后来写那里“充满了恐惧”。那绝不是一个适合生活的地方，所以当埃丝特还是个小女孩时，朱克曼一家逃离了阴冷惨淡的明斯克，去了阳光普照的美国。

一家人在布鲁克林住了没多久，埃丝特的母亲就在分娩时去世。家里有五个或六个孩子——我们不知婴儿是否活了下来，父亲只能

再婚娶了一个可怕的泼妇，我们一家仍把她称作“邪恶后母”。她把小埃丝特从小学里拽出来，让她去做假花赚钱。当时假花是很流行的家庭手工业，家庭主妇喜欢假花，因为它们永不凋谢，所以常常忽略了这些花是童工无偿劳动的成果。每天下午，埃丝特望向窗外，看着其他孩子放学回家，而她的手指却因为沾满了化学制剂而黏黏的，这是为了让假花具有鲜花的色泽。辍学成了她一生的心病，她八十岁时仍去公立小学上夜校，晚上回家握着一截短短的铅笔做作业。

父亲去世后，埃丝特搬去和大姑妈同住。这是个精明的生意人，但性格刁钻，她的好几个兄弟姐妹离奇古怪地死去：一个在一次家庭聚会时跌到一堆衣服下被闷死；另一个要赶一艘正在驶离码头的渡轮，失足落水溺死；还有一个躺在病床上想拿水喝，却拿了一杯石炭酸。埃丝特二十几岁时在姑妈的糖果店里工作，反反复复地聆听对方诉说自己如何失去了一生的最爱（姑妈想等他回来，但大家都说她疯了，结果他真的回来找她，她却已经结婚了）。埃丝特小小年纪就饱尝辛酸，但在那些走进商店买报纸的顾客看来——比如哈利·贾菲（Harry Jaffe），她是个普通的女孩。

埃丝特和哈利于一九〇六年八月二十五日结婚，是弥漫在布鲁克林的神意撮合了他们。但两人的结合不尽如人意，埃丝特是正统犹太教徒，而哈利已弃教。但他是个决心坚定的人，诚恳的态度令人折服。年轻的埃丝特有一张美丽的圆脸，波浪形的齐耳短发，身材矮小，身高不足五英尺，总是穿着棉布便衣。虽然她生活坎坷，但永远兴高采烈，每个认识她的人都说她太可爱了。她长着一双温柔的灰眼睛，好像永远在渴望一道额外的光亮。

第二年，这对新婚夫妻迎来了他们的第一个孩子，是个名叫比阿特丽斯的女孩。埃丝特刚生下第二个孩子阿瑟就感觉要出事了。那是一九一〇年初夏，她和哈利才在布鲁克林的布什维克买了新房，因为还没有装修好，所以仍和姑妈同住。阿瑟出生时就受了伤，让他的母亲陷入昏迷，婴儿的状况给埃丝特造成巨大创伤，她无法母乳喂养，感觉“瑟瑟发抖，快要精神崩溃”，她后来说道。姑妈和哈利带她去看医生，医生拍拍她的肩膀说一切都会好的。“我觉得不像，”她回忆说，“但也无法反驳。”

夫妻二人到洛克威海滩度假，好让埃丝特休息和康复。他们回来后，她又变成了从前那样，哈利和姑妈都认为厄运过去了。

那年九月的一天清晨，埃丝特正在厨房里热牛奶，突然感觉浑身发抖，一瞬间好像无数条绳索在拉扯她的肌肉，她一把抱起小阿瑟，把他从三楼窗口扔了下去。姑妈站在对面尖叫了一声，冲进院子。邻居听见叫声也大叫救命，但太迟了，婴儿死了。第一百五十四辖区的特伦普菲勒警长赶来时，埃丝特在厨房里走来走去，揪着自己的头发。布什维克医院的一位医生在救护车里问她问题，很快就诊断她发疯了。

报纸当然报道了这次事件。埃丝特的律师要求尽快撤销对她的指控，把她送去金斯帕克的精神病院。他对地方检察官说，他自己也为这桩悲剧“心神不宁”。听证会之前，另一个医生为埃丝特做了检查，说她受到抑郁症和幻觉的困扰，最终爆发了。她的大眼睛“有节奏地忽闪忽闪”，他写道，心跳很快。她没有回答问题，只是说她受到“神意”的惩罚。人们要她说得更清楚一点时，她便开始呼唤上帝，还说她在法庭上看见了阿瑟，他穿着红色毛衣，没有认出她。

一九一〇年十月四日，法庭以精神失常为由宣判埃丝特二级谋杀罪不成立。

时间慢慢过去，一家人逐渐忘却了旧日的生活，开始了新生活。埃丝特在医院里休养时，哈利一个人照顾比阿特丽斯，他虽然非常悲伤，却仍保持着追求妻子时的诚恳，一直在等待着她，即便很多人说这是发疯了。结果，她真的回来了，他们又成了一家人。一九一三年，伊莱出世。一九一四年，我的祖父丹尼尔出世。一九一九年，西尔维娅出世。没有人知道我的祖父是何时以及如何得知他母亲的精神状况的，但他们都知道。或许是姑妈说的，她看见了一切，不会用甜言蜜语来粉饰；或许是从出生证上看来的，上面写着的“兄弟姐妹人数”对不上号。这不是可以大大方方讨论的问题，我的祖父从未提起过，假如他看到这本书，我怀疑他永远不会原谅我。但他的母亲确实精神失常，这就像一道深深的阴影，一家人总是设法回避。

我的祖父十六岁之前经常搬家，他出生的那条街上住满了俄国移民，现在是布鲁克林的贝德福德－斯特维桑区。贾菲一家人在那里住了一段时间后搬到新泽西州的大西洋城，哈利去寻找稳定的工作。他们很快就回到布鲁克林，这次是去了康尼岛，哈利·贾菲买下了一家纺织品公司一半的股份。他们在康尼岛上又搬了两次家，最终在莱姆街定居。到一九三〇年春天，他们已在那里住了三年，看上去似乎安定下来了。埃丝特做了子宫切除手术，家里没有新添人丁（比阿特丽斯去年结婚了，家里人还变少了）。在他们漫长的人生中，这是第一次找到一个可以称作家的地方。

康尼岛面积很小，位于布鲁克林南部，岛上的热狗很出名，它的形状也像只热狗。贾菲一家住在海门区一栋两层的房子里。海门是一个位于康尼岛西部角落的小社区，社区一侧是海滩的外围，海滩北面通向格雷夫森湾，南面通向大西洋，另一侧是瑟夫大街的入口。这样的设计使海门区的居民能免于络绎不绝的游客。游客们有的去海滩，有的去月神游乐场或障碍赛游乐场，还有的去大西洋城著名的滨海大道，这些地方整个夏天都人满为患。

我的祖父在布莱顿海滩的亚伯拉罕·林肯中学上学，布莱顿海滩在康尼岛的另一头。到了春天，他每天放学后有好多地方可以去。他常常和哥哥伊莱在沙地上打球，虽然性格迥然不同，但两人相处得很好：伊莱喜欢热闹，是个运动健将，丹尼尔内向腼腆，喜欢沉思；伊莱是母亲的宠儿（他曾写过，有一次他把“一包两磅重的垃圾”扔在她的脚下，她高兴地拍起手来），丹尼尔从未感受过同等热切的爱。两个男孩显然都意识到了这样的区别对待，但不知他们是否把这和母亲的崩溃或者伊莱紧接着夭折的婴孩出生联系起来。

不过，我的祖父更受斯蒂维尔街上图书馆的吸引，他最喜欢科学和自然类书籍。他青年时代印象最深刻的书是保罗·德·克鲁伊夫的《微生物猎手》，这本书就像侦探小说，里面有各种各样的感染，炭疽病和疟疾是坏人，塞麦尔维斯、罗伯特·科克和罗纳德·罗斯是英雄，克鲁伊夫每次说到一项新的发现，都会追溯发现者的生平。

祖父后来说，他最喜欢写路易斯·巴斯德的那一章，年轻的巴斯德看见一头患狂犬病的狼咬了农民一口。在保罗·德·克鲁伊夫眼中，他对狂犬病的理解比“一般男孩生动上百倍”。

傍晚六点准时吃晚饭，所以无论祖父每天都做了什么，他总会在傍晚时赶回莱姆街。和当时布鲁克林的大多数地方一样，这条街看上去也是从沙俄帝国的犹太人聚居区移植过来的。亚伯拉罕·埃德尔斯坦是裁缝，刘易斯·卡茨是屠夫，亚历山大·斯科尔尼克是药剂师，莫里斯·芬克斯是木匠，他有七个儿子，本杰明·米勒是一份犹太报纸的编辑，海曼和莫莉·塞德曼是隔壁邻居。所有人都住在不起眼的二层楼房里，所有人都是说意第绪语的东欧移民，所有人都希望未来能比他们惨痛的过去光明一些。

海门是和它的工人阶级居民一同富起来的。贾菲家对面是一块两万平方英尺的土地，立着一栋三层的房子，房子里有十二个房间和一个砖头砌成的车库。州长艾尔弗雷德·史密斯的儿子住在那里——至少当时的广告里是这么说的。有时史密斯本人也会来，在记者的眼皮底下躺在长廊上晒太阳或和孙子玩耍。贾菲家离这位政治精英的家很近，他们每月的房租是八十五美元。

贾菲家绝对不像艾尔弗雷德·史密斯家，但哈利·贾菲收入不菲，他是维克多浴巾公司的总经理，拥有公司一半的股份。维克多公司主要向理发师出售浴巾，但也兼营其他业务，比如向医生出售病号服，给餐厅提供桌布等，这些收入足够让一家人度过前一年紧接着股市崩盘而来的艰难时光了。

贾菲家在莱姆街上的房子有一间花房、一间起居室和一间餐厅，公寓里只有一间卫生间，但卫生间很大，比阿特丽斯出嫁后显得更大了。二楼的阳台四周有一圈窄窄的栏杆，入口处是一条砖砌的门廊。房子前面有一个花坛，哈利·贾菲每年春天都会花费很多时间照料花卉。一九三〇年春天，我的祖父经过花坛走进房子，发现母亲不见了。

那天早上，伊莱和丹尼尔去上学后，埃丝特·贾菲崩溃了。小西尔维娅穿戴好后坐在厨房里，也在等着去上学。她听见埃丝特忽然高声唱起歌来。后者正卧床休息，好从子宫切除手术中恢复过来。西尔维娅听见父亲温柔地安慰母亲，试图让她回到现实中来，但她已经迷失。几个人进来把她带去了精神病院，那里成了她的新家。

我的祖父并没有像妹妹一样亲眼看到这一幕，但他知道，海门的居民也知道，他们窃窃私语。有一天，一个邻居问小西尔维娅，她的母亲是否还在疯人院里，或许也有人这么问过我的祖父，所以一家人很快又搬走了，远离那些挥之不去的东西，迎接另外一些模糊不清的东西。

没有人确切地知道，在二十世纪初，为什么移民中精神失常的人数远远高于本地人，但也没人否认这一结论。一九〇三年，尽管移民的数量仅占美国人口数量的百分之十三点五，但精神病人的数量却占总体的百分之三十一。纽约州的问题最为严重，移民人数占全州人数的四分之一，但到了一九〇六年，其中半数都被送进了精神病院。纽约市是整个纽约州问题最严重的地方。

托马斯·W. 萨蒙（Thomas W. Salmon）医生是第一批研究

这一现象的专业人士之一。当时他是埃利斯岛上的精神问题负责人，花了一年时间搜集移民及其精神健康状况的数据。一九〇七年，他在一份报告中称：移民或多或少患有某种“早发性痴呆症”，现在，这种病被称为精神分裂症。

萨蒙用他的发现对初来乍到的移民做出一系列模糊的推论，他说这些人的大脑，即俄罗斯人、东欧人、犹太人、意大利人生来比较低等，他们来美国前就会崩溃，来了以后自然而然崩溃了。“犹太人特别容易受到精神疾病的影响。”萨蒙写道。

武断宣称种族和精神病之间的因果关系，导致优生学的观点传遍全国。许多人认为，假如精神病真的如萨蒙所说由遗传导致，那么患有精神病的移民后代将会败坏美国社会。一九一二年，纽约市的移民专员唯恐患有精神疾病的外来人员“可能生下精神脆弱的后代，让他们遭受悲惨的命运，导致恶性循环”，一些州通过强制绝育法，以确保那一天永不会到来。萨蒙本人认为，在某些情况下，“个人的生育权应该让位于种族和全体人类的利益”。

并非每个精神病领域的同行都同意这个观点，持异见者并未减少移民中精神病患者的数量，也并不排除遗传因素在起作用，但他们确实认为，透彻的研究必须将生物性和社会性结合起来。他们的观点是：移民经受了一系列内心斗争和文化改变，精神处于非常紧绷的状态。随着移民渐渐适应新的生活，患精神病的比率会降低，移民的后代尤其如此，对周遭的熟悉程度会使这些孩子免疫于他们父辈所面对的可怕压力。

位于长岛的金斯帕克州立医院中有一位名叫亚伦·罗萨诺夫的

医生，他是这个论点最重要的支持者。尽管罗萨诺夫坚信遗传论，但他还是承认文化因素也在起作用。他在一九一五年发表了一篇文章，巧妙地驳斥了萨蒙的观点，称纽约人搬去加利福尼亚州后，住进精神病院的人数远远超过加利福尼亚州本地人。你可以认为纽约人比加利福尼亚州人更易患精神病，就好像萨蒙认为移民比美国本地人更易患精神病一样，你也可以承认是社会环境威胁人的精神健康。罗萨诺夫得出结论：大家“惧怕”移民精神病人会“威胁”美国人的健康，这只是“幻觉，不是事实”。

双方的对垒进行到这个程度时，我的祖父开始对精神疾病发生兴趣，这既是知识上的兴趣，也是情感上的兴趣。一九三〇年初，卡尔·门宁格（Karl Menninger）的《人的心智》出版时，我的祖父已经快十六岁了，他后来说：“这本书启发了青年时代的我。”门宁格在堪萨斯州的托皮卡经营一家精神病诊所，他治疗患者，而不像当时大多数的精神病院那样——把患者藏起来。《人的心智》是一本个案研究合集，它的目的之一是纠正用优生学观点来解释精神失常的做法，他认为“生活中的突发事件”可能把一个人逼迫至适应能力的极限。他觉得精神分裂患者在崩溃之前通常显得很正常，崩溃可能是突如其来的变化，或长年累月的精神恶化引起的，崩溃后康复的可能性很小，但也能有所改善。

大多数读者从这本著作中获得的信息是，所谓精神疾病和精神健康之间的界限非常模糊，而像我的祖父这样的读者还发现，有时一个人也能摆脱深渊，重见光明。

我祖父的母亲住院后，他和家人一起搬去了布鲁克林南部的弗莱特布什区。二十世纪早期，布鲁克林是个移民众多、工业发达的地方，一个个小小的文化圈由造船厂、炼糖厂和工厂的哨声联结起来，构成全美国最重要的制造业中心。布鲁克林不再是一座城市，转而被视为除曼哈顿外的纽约四大区之一，但精神上还是分外独立的。就算别的都没有，至少还有道奇棒球队。你永远不会忘记你来自何处，也永远不会清楚你将去往何处。

祖父高中毕业后于一九三一年进入布鲁克林学院学习，他还住在家里，因为他的父亲需要人手帮忙。现在，哈利·贾菲有两个孩子在上大学（伊莱也在布鲁克林），一个孩子在上小学，他需要负担妻子昂贵的医疗费，还要经营自己的生意。他一周六天开车去威廉斯堡的维克多纺织品店上班才能赚够生活费。每个星期天，他要给埃丝特做饭，因为她总是抱怨医院里的伙食，但他从未想过离开她或另觅伴侣。

哈利·贾菲是个年轻的父亲，短发梳得整整齐齐，贴在脑袋上，鼻梁上架着一副眼镜，镜片后面是一双专注的蓝色眼睛。他身材矮小，身高五英尺七英寸，第一次世界大战的征兵卡上，把他的体形描述为“结实”。（他登记时四十二岁，从未服役。）他总是穿得很讲究，每年五月，他都会把衣柜里的冬装和诺克斯毡帽拿走，把棕榈滩套装和草帽放进去。如果算上意第绪语，他会说五种语言。

甚至在自己孩子的眼中，哈利·贾菲的正直也是一个传奇，他从来不谈旧日的生活，也不愿说他的生日是一八七六年四月二十六日，不过他们还是听说了一些他的生平故事。他生于一个立陶宛小镇帕涅韦日斯的犹太学者之家，渴望成为医生，却只能看《摩西五经》和《塔木德》。他认为如果思想不自由，生活就没有意义，于是年轻时他就逃出帕涅韦日斯，独自去纽约（家族传说中，说他当时十六岁；移民局记录中，他是二十二岁）。

在这个过程中，他自然而然形成了自己的道德原则。他曾经和一个叫查理·马斯洛的亲戚一起做生意，后来发现马斯洛在干贪赃枉法的勾当，就毅然退出了。几十年后，联邦政府以企图垄断价值五千万美元的洗衣业这项罪名起诉马斯洛和五个合伙人。联邦调查局罚了马斯洛一小笔钱就放他走了，但这只是让哈利·贾菲更具传奇性。我的祖父每次说完这桩事，都会加上一句："我们本来会发财。"其中只有一分遗憾，剩下九分自豪。哈利·贾菲正派的作风和对婚姻的忠诚在他的孩子身上留下难以抹除的烙印，我的祖父曾说"他是我见过的最好的人"。

上大学时，祖父对他的父亲非常尊敬，且身体力行，按照他的准则生活。他对父亲的所有爱好都很感兴趣，比如贝多芬的音乐、世界象棋冠军何塞·卡帕布兰卡；他用童子军中自律的氛围来约束自己，一直是鹰级童子军成员，许多年后还说起当年的往事；他也非常内敛，决心"实现父亲的宏愿"，这意味着他要成为医生——那是他父亲曾经的愿望。如果我的祖父能感受到他的父亲深刻的悲伤，也就能感受他的强烈愿望。

我只找到一份祖父对于他母亲的回忆，那是在一篇学术论文的末尾，发表于一九八六年的《心理分析季刊》，内容是他做的一个梦，当时战争已结束，他正在接受精神分析训练。精神分析师正式入行之前，需要先进行自我分析，这个过程叫作“训练型分析”。祖父的训练型分析快结束时，他感觉无法获得情感上的突破，他不愿意说明问题出在哪里——尽管在一篇私人的文章中他“情不自禁”地写了下来，但问题明显存在。

在梦中，祖父“心脏瓣膜感染，身体十分虚弱”，正在接受开胸手术，他看着“技艺超凡”的医生进行手术。尽管医生医术超凡，但他还是不知如何是好，他无法修复受损的心脏，不知道问题出在哪里。

所以，祖父在梦中把手放进他自己的胸口放松心脏腱索(chordae tendineae)，祖父还在梦中说拉丁文。腱索是连接瓣膜和心肌的有黏性的腱，有时甚至被称作心弦。祖父摸到腱索拉了一下，立刻感到“重获新生，充满活力”。

文章末尾，他写了两则逸事。一则是关于他的一个病人，那是个“很难对付的强迫症患者”。祖父不知这位病人究竟是怎么了，直到有一天清晨，他醒来时哼起了《噌！我的心弦启动》。这是朱迪·加兰的老歌，也许他哼的是弗兰克 · 辛纳屈的版本。不管怎样，曲调让我的祖父想起他在睡梦中拉自己的心脏腱索，释放了积郁。就这样，祖父找到了治疗的方法，在他的帮助下，病人就好转了。他无法解释原因，但他确实成功了。

另一则是关于他母亲的。他的母亲晚年时，他去探访母亲，走进厨房时听见她在哼歌，“我就问她，她说，每次她在忙碌或遇到麻烦时就会哼歌。我却从没印象，或只是潜意识里觉察到了。”他写道，只写了这么多。

很多次，我试图把这些简短的故事联系起来，但都一无所获，这或许是因为我不是医生，或许是和朱迪 · 加兰有关。一次我请祖父的一位学生给我解释，他说这篇文章的意义在于，我的祖父是古典派分析师，他的文章发表在保守期刊上，但其中的治疗方法却十分激进，亦即借助自身的体验去理解病人的问题。我假装一切都听明白了，向他表示感谢，但我读这篇文章的唯一收获是，有一次我的祖父做了一个和他的母亲有关的梦，他的心病就好了。

祖父从未明确说过他成为精神病医生是想了解为什么他的母亲会是那样，实际上他极力否认这二者之间的联系。他的回忆录中有一个部分叫作《我为何成为医生》，提到他父亲想做医生却未能如愿，也提到《微生物猎手》和《人的心智》，没有写母亲，但我们家人一直认为他母亲才是真正的原因。许多事情就摆在眼前，他只是未曾说过。有时我感觉我就是那个梦境中的外科医生，站在被蛀空的生活面前，却无法找到伤口的位置。

一次我给伯父打电话问他的看法，他说起埃丝特和他们一起住在华盛顿时的情景。那是二十世纪五十年代末或六十年代初的事了，我的伯父那时还年轻，他是祖父的大儿子。埃丝特崩溃了，他们把她送去乔治 · 华盛顿大学医院。他看见了那一幕：埃丝特穿着浴袍，披头散发，目露凶光，原本兴高采烈的模样完全不见了，变得非常沉默。我的祖父想用幽默的话逗笑她："啊，妈妈，你迟早都会好起来的，为什么不早一点好起来呢？"但他明白一定得送她去医院，他了解那种神情。

“我记得去探望她的情形，”我的伯父说，“我记得很清楚，你爷爷很痛苦。你可以理解，他的母亲病得这么重，他心里是怎样的感受。”

祖父用了三年时间就完成大学课程，于一九三四年进入医学院深造。此前他一直住在家里，从布鲁克林学院转学去曼哈顿的纽约大学后也是，现在他选择了乔治·华盛顿大学医学院，就需要搬到南面。有时我高兴地想象那年夏天的场景，哈利·贾菲和我的祖父面对面坐着，他是多么欣慰，儿子实现了他的梦想。他们都非常沉默，也不多愁善感，若他们也会敞开心扉，那么就是这一次了，但只有弗莱特布什的街道知道究竟发生了什么。

一九三五年一月，祖父在医学院上学时，埃丝特从金斯帕克州立医院转入一所名叫劳登－尼克布洛克的私人精神病院，那时她被诊断患上昏厥型精神分裂症。在劳登期间，她的幻觉更加严重，根据她的病历，她入院时“烦躁不安，充满不满情绪”，她的表情“忧虑，紧张，有时茫然”。她常常拦住医院的工作人员，请求他们让她回家。有时人们发现她莫名其妙地尖叫或哭泣，她这样做唯一的理由可能就是不能回家。她常常在医院出口处来回踱步，她能记得星期，但记不得年份，好像是了解她生活中的一部分在继续前进，而另一部分已经停滞了。

劳登医院就在阿米蒂维尔镇郊外，离长岛南面的海岸线很近，在弗莱特布什以东三十英里处，入口隐藏在一条绿树成荫的街上，医院里铺满了翠绿的草皮。医院是约翰·劳登于十九世纪末期创办的，他在州精神病院担任检查员的时候，目睹了太多病人遭受束身衣和其他医疗器具的折磨，出于悲悯，创建了这所医院。医院里的主力精神病学家是詹姆斯 · 瓦瓦苏医生，当时他常常作为威斯特彻斯特县地方检察官的专家证人出庭做证，评估被告人的精神状况（一九三五年初，他在州最高法院做证说，有“布鲁克林吸血鬼”之称的儿童谋杀犯艾伯特 · 菲什“从法律角度来说精神正常”，菲什自称精神失常）。

哈利 · 贾菲好几次想把妻子接回家，但结果都不理想。一次，在妻子回家前，他特地雇来一个身材高大的苏格兰护士——尽管埃丝特很矮小，但在某些时候却力大惊人。有一天，她冲上弗莱特布什区的大街，护士费尽全身力气才把她拉回家。埃丝特想做的只是回莱姆街上的家，在那里她至少能感受到片刻的安稳，感觉未来似乎会比过去光明一些。

一九三五年夏天，哈利 · 贾菲最后一次试图让埃丝特回家，祖父那时刚好回家休假，一家人住在布鲁克林的东十七大街，离金斯高速公路很近。她在家住了六个星期，八月初，他们又把她送回了劳登。病历上说她一入院就一连几个小时哭泣不止，没有人知道哈利 · 贾菲回家后做了些什么，他又成了孤家寡人了。

哈利 · 贾菲总是一个人承受情感的重负，很少和孩子谈起他们的母亲，有时他会和她的亲戚聊上几个小时，他们那时才知道他仍然没有忘记她，他对他们十分慷慨（根据一九三五年的收支表，维克多纺织品公司的资产为四万三千美元，相当于今天的七十万美元）。他的生活永远是那么孤寂，他永远地离开了他的家乡立陶宛，也失去了妻子，但他能从孩子的身上看见一丝光明。他从来不带他们去纺织品公司，因为害怕他们会喜欢上那样的工作，他真正希望的，是他的两个儿子能成为门宁格那样的医生。伊莱的性格叛逆，所以不可能认同他的想法，他时不时地推着装满肮脏布料的手推车，休息时用衣袖擦掉额头上的汗水。或许只有当哈利 · 贾菲想到我的祖父选择的职业道路时，他严峻的神色才会变得缓和。

应是一九三五年圣诞节前后，一辆小推车从哈利 · 贾菲手中滑走了，他跑去追的时候跌了一跤，当时看来不过是绊了一下，但很快他就面色蜡黄，一家人都担心出了事。医生也很迷惑：哈利 · 贾菲从未生过病，现在却脸色发青，卧床不起，但从表面上看不出他有任何痛苦。他在病床上看雨果的《悲惨世界》。

一个月后，家人把他送到贝思摩西医院进行一场实验性手术，结果在他的胰腺中发现癌变细胞，那时癌细胞已转移到其他部位，不可能治疗了。祖父在医学院接到电话，说如果他想见他父亲最后一面的话，就得赶紧了。他坐喷气式飞机赶回来，这是他平生第一次坐飞机。一九三六年一月二十六日，他赶到家，他的父亲已陷入昏迷，当天就去世了。

哈利 · 贾菲死后的几个月中，法律纠纷不断。布鲁克林遗嘱检验法庭要解决西尔维娅的监护人问题，她还是未成年人，现在成了孤儿了。哈利在维克多纺织品公司的股份被卖掉了，房产也分配给了不同的人。命运非常奇特，哈利 · 贾菲曾与之绝交的查理 · 马斯洛让公司的售价比评估价翻了一倍。贾菲家的孩子都分到一大笔钱，每人得到的金额相当于今天的十万美元。但他们的花销也很大，我的祖父要支付医学院的学费，还要为他们守寡的母亲建一个独立的医疗基金。

埃丝特·贾菲回劳登医院后对丈夫的仇恨日益加深，她相信他会来抓她，认为他是自己不能回莱姆街的罪魁祸首，瓦瓦苏医生日后把这种精神状态称为偏执幻想狂。那时，只要一听到丈夫的名字，埃丝特就“激动不已”，不肯接受治疗。瓦瓦苏医生建议不要让她参与任何法律事务，这是为她本人的健康考虑。

但有一件事是无法避免的，那就是埃丝特必须签名放弃家族房产。一九三六年二月，她在劳登医院收到文件，颤抖地签了名。她那时才知道丈夫死了——如果她每个星期天没有吃到他煮的食物没能让她起疑心的话。几个孩子继承了房产，也接替他们的父亲照顾母亲。我的祖父那年回医学院上学时是二十二岁，依然沉浸在悲伤里。母亲的病自从他出生那一刻就尾随在后，现在他要去面对了。

第四章

神授的使命

我们必须手握双刃剑，一面应对准亚洲普遍的不公，另一面对准日本国内的邪恶。所以亚洲复兴的斗士也必然是日本改革的斗士。

——大川周明，《复兴亚细亚诸问题》，1922 年

父亲去世后，大川周明一刻也没有耽搁，如愿以偿成了亚洲的勇士。一九一四年八月，日本加入第一次世界大战，与英国结盟。大川公开宣称，参加协约国是对整个亚洲的背叛。他对日本在中国和太平洋地区重演德国的老伎俩十分不满，但他感觉与英国结盟，等于认可他们在印度实行的殖民政策。在大川看来，日本是在支持企图奴役黄种人的白种人。他用黄种人泛指所有亚洲人，而与他们实际的肤色无关。他写文章呼吁日本放弃与西方的结盟，转而与东方形成一个新联盟，他把这称为亚细亚主义。

一小群住在日本的印度革命者注意到了这样的呼声，其中一个，是印度解放组织加达党（Ghadar Party）的成员赫兰巴·拉尔·古普塔。一九一五年一个晴朗的秋天下午，古普塔在东京大学图书馆外拦住大川——大家都知道大川业余时间喜欢去那里。他们二人很快热络起来，共同商讨亚洲问题直到夜晚。不久后，古普塔就把大

川介绍给追求这项事业的其他人，其中一个名叫拉什·贝哈里·博斯，他因刺杀印度总督失败而被迫逃亡，三人一见如故。

那年十一月，三人为庆祝大正天皇登基，在东京的一家酒店里举行派对，庆祝活动很快升级成了亚细亚主义者的游行，来的人发表了一系列反英演说，他们挥舞着日本和印度的国旗，但没有英国国旗，一个日本国会成员还大声疾呼日本应当支持印度的独立事业。来参加派对的二百人中有一个警察，消息很快传到英国大使耳朵里，他们要求日本迅速把古普塔和博斯驱逐回英属领土，这无疑意味着他们返回英国就会被处死。几个小时后，这两个印度人又开始逃亡了。

接下来六个星期，东京警方严密监视大川周明，防止他和这两个印度人联系。这样的行为本来很可笑，因为大川的家在东京原宿区，就在警署对面。几个星期变成了几个月，一九一五年变成了一九一六年，风波终于平息了。二月一个阴冷的下午，大川家来了一位不速之客。来人穿得像个到城里来兜售东西的日本农民，拿着一篮水果，穿着和服，棕色的帽子遮住眼睛。大川仔细地看了看对方的面孔，发现他根本不是日本农民，而是赫兰巴·拉尔·古普塔。

大川让他的朋友快点进屋。古普塔饥肠辘辘，大川给他准备了些食物。他们一边坐在会客室里吃亲子丼饭——米饭上放鸡蛋和鸡肉，一边考虑下一步该怎么办。大川认为，亚细亚主义运动类似于神授的任务，任何像他这样的勇士都有责任承担，以造福全人类。“我们之所以呼吁‘亚洲人的亚洲’，是因为只要亚洲还在西方的控制下，就不会有真正的亚洲。”大川在最近发表的一篇文章中写道。他或许受到了正义感的激励——这是他最显著的特征，但无论如何，他明白接受这项伟大的使命意味着该庇护古普塔这样的人。况且，这个疯狂的办法正好行得通，因为警察几乎不会怀疑古普塔就藏在警署对面的房子里。

多年以后，大川回忆当时的想法，说那是灯光下的一个盲点。

随后的几个月里，古普塔和大川详尽地讨论了印度的困境和亚洲的本质，古普塔对殖民地生活生动的描述是大川在书里从没读到过的，他说了印度国家主义运动的所有细节，只有参与其中的人才可能知道。他们偶尔在室内摔跤作为体育锻炼，这样古普塔就不必到室外去冒险了。

春末，日本与英国发生外交纠纷，日本政府因此放松了驱逐令，古普塔坐船去了美国。后来大川跟着博斯继续了解印度，后者留在了日本，和收留他的人的女儿结婚了。那年秋天，大川出版了处女作《印度国家运动》，一出版即遭日本和英国政府查禁。

尽管遭到审查制度的阻挠——或者说是推动，《印度国家运动》一书还是吸引了大量的崇拜者。大川周明对印度独立运动的研究是里程碑式的，那是一本真正的哲学爱国书籍，兼具翔实的材料和严谨的学术分析。读者被唤醒了，他们看到了亚洲的问题，明白了大川所说的英国人的虚伪是什么意思(英国在对抗德国时以民主自居，却扼杀了印度的自由）。大川鼓励日本割断与西方的裙带，转而投身连接全亚洲的亚细亚主义事业，接受“我们的帝国最伟大的任务”。

一九一六年就快画上句号，越来越多的印度异见人士来日本寻找大川周明，希望成为他事业中的一员。他完全没有怀疑，前来的人中有一个英国情报部门安插的间谍，目的是查明亚细亚主义究竟是什么。他甚至可能欣赏间谍的猜测，灯光下面到底会有多么黑暗？

没过多久，特工P就向英国情报部门报告，说大川周明是日本亚细亚主义运动的“核心人物”。到一九一六年末，P已经顺理成章地成为大川生活的一部分，他们一起吃晚饭、参加聚会，在大川藏书丰富的书房里看书，有时P向大川的事业提供金钱资助或为某个大型的聚会出钱，以便一直留在他们的圈子里。P占据着重要位置，目睹了大川于一九一七年初成立日本亚洲协会。大川把总部设在青山，在那里招募成员、筹集资金、起草宣传手册、组织活动，总体而言，就是把协会的宣言——“实现统一亚洲之梦”付诸实践。

刚刚三十岁的大川周明，已经成了这个欣欣向荣的地下组织的运转核心。他把亚细亚主义奉为至高无上的生活原则，他取消了婚约，出钱赞助东京的一间茶馆，整日与艺伎待在一起，他在原宿的家距离青山的亚洲协会总部只有几步之遥。我们可以想象得到当时的大川：比大多数人都高，看上去不那么像日本人，有时穿和服，有时穿西装，扶着眼镜，吸着烟，导演着这出戏剧。

当时日本的亚细亚主义运动颇能代表一种松散的群众组织，里面充斥着各种各样的人，既有日本人，也有志同道合的印度人。印度人塔拉哈斯·达斯是关键人物之一，在旧金山受到通缉，英国和美国有关部门都把他视为眼中钉。达斯写过两本书，鼓吹亚洲统一，大川周明把书翻译成日语后偷偷传播（尽管被官方查禁，但达斯的一本书却到了日本海军部的藏书室里）。另一个重要成员是法国异见人士保罗·里夏尔（Paul Richard），他为亚细亚主义写了一首赞美诗，大川也翻译成了日语在协会中散发。诗中，里夏尔把日本称为“亚洲的解放者”，大川认为他比日本人更了解日本。

头山满是亚细亚主义运动的另一位支持者，他是日本反建制风潮的领袖。这个睿智的老人祖上是武士，曾和伟大的西乡隆盛并肩作战。头山满是玄洋社的领头人。玄洋社由国家主义者组成，拥有强大的幕后政治操控能力。一九一五年，正是头山满为古普塔和博斯安排了避难所，并在东京为大川周明的协会找到了总部。内田良平是头山满忠实的追随者，他创办了玄洋社的姐妹社，即黑龙会。他在黑龙会的出版物《亚细亚时论》上传播亚细亚主义的核心思想，也采用其他的方式推进他们伟大的使命。

日本亚洲协会在各大城市举办大规模活动，成员在东京日比谷公园的松本餐厅或上野公园内的精养轩集会，著名出版社的编辑、名牌大学的教授，甚至日本议会成员都常常出席。曾两次出任日本首相的大隈重信也偶尔发言，一九一五年撰文论述日本的“伟大使命”和东西方的整合。陆军参谋部的军官也鼓励亚洲运动，有时亲自到场。P特工看着这一切活动以大川周明为中心展开。

一九一八年九月，英国情报部根据P特工搜集的信息编纂了一份名叫《亚细亚运动》的详细文件，主编是戴维·皮特里，他为西方对日本崛起的恐惧提供了独特的视角。皮特里等人认为强大的亚细亚主义运动会威胁日本和西方之间的亲密关系，简而言之，这种威胁就是日本援助印度起义。从长远来看，皮特里写道，亚细亚主义“真正的危险”是它可能把西方的影响力从远东抹除，日本将取而代之成为霸主。若日本举着亚细亚主义的旗号联合亚洲国家，那么“日本的财富和权力将会变得和他们的智慧一样无边无际”。

皮特里认为，亚细亚主义和德国第一次世界大战前的社会运动十分相像。日本和德国一样，对自身在世界上的影响力越来越敏感；同时，日本人和德国人一样，相信各自使命的真实性。皮特里在末尾写道，不知日本和德国会不会带来同样的结果。西方人或许认为这样的发问很荒唐，特别是当时协约国已经快战胜了，但真正的问题是，日本人觉得荒唐吗？

皮特里不敢肯定，他掌握的部分情报已表明日本在考虑向中亚扩张，P特工在搜集情报的过程中得知日本陆军参谋部里有大量地图，总共十二幅，面积达一百零八平方英尺。一张地图上画出了取道中国西藏和阿富汗进入印度的路线，这是P特工在大川周明家里发现的。

到了大川周明主宰全局时，亚细亚主义意识形态已经大幅度升级。亚细亚主义最初的宗旨不外乎建议所有亚洲国家结盟，以更好地防御西方的进犯。整个十九世纪，西方不断侵犯东方，赢得鸦片战争、吞并太平洋周边的土地、迫使日本孤立于世界体系之外，还搜刮整个地区的自然资源。早期的亚细亚主义社团提倡的是“联合亚洲”，或者说是亚洲人在共享同一种文化，属于同一个人种的前提下合作。他们觉得，假如东方人齐心协力，就不会对西方人的蚕食束手无策了。

东西方之间的紧张关系是一八九五年日本打败中国后产生的。沙俄、德国和法国不愿意见到日本成为新兴的亚洲强国，强制其放弃战时侵占的土地，这在历史上被称为“三国干涉”。德皇威廉二世让人画了一幅画，画中的每一个人代表一个欧洲国家，他们凝视着飘浮在一朵云块上的佛教徒形象。欧洲人对亚洲人的入侵感到歇斯底里的恐惧，把他们称作“黄祸”。

日本外交官竭尽全力打消西方的这种疑虑。一九〇四年，日本大使栗野慎一郎对柏林人说，亚洲起义“纯属幻想”。但一九〇五年，日本打败了沙俄取得了战争的胜利，幻想似乎就快成为现实了（战争的起因是为了争夺中国北部的辽东半岛，日本在三国干涉的压力下放弃，沙俄却趁机将其占领）。日俄战争出人意料的结果改变了一切，这是人类历史上第一次一个东方国家打败西方国家。

随着日本占据有力的领导位置，亚细亚主义也在这时发生了变化。一些日本人认为这个国家理应是整个地区的保护神。在日俄战争刚结束的那段时间，许多亚洲国家也认同这一点。日本领导人鼓吹亚洲门罗主义，即丝毫不容忍外来者对东方的侵犯，这和美国在北美和南美的政策是一样的。一九一〇年，日本吞并韩国，表面上是为了维护“远东永久的和平”。很快，人们就不知道日本的地区性结盟主张何时终结了，它又是在何时成为地区霸主的。

日本的形象变得非常矛盾。一方面，它和英美两国关系友好，显然是借鉴了西方的现代化模式；另一方面，它把自己视为亚洲抵抗欧洲的领军者。西方人不可能不注意到这一股新亚细亚主义浪潮的潜台词。一九一三年，伦敦《泰晤士报》的编辑写道：“日本必须下定决心，到底是想和其他亚洲国家撇清关系，还是想成为亚细亚主义思想的领袖。”

随着第一次世界大战愈演愈烈，越来越多的日本人转而支持亚洲而非西方，欧洲文明看上去在衰落，亚洲却在经历着国家主义运动和文化复兴，日本也在这时崛起，成为一个大国。战时生产大大促进了财富增长，反德行动赢得军事上的发言权，与中国签订的单方面和平条约（臭名昭著的《二十一条》）提升了日本在亚洲大陆上的地位，日本官员重新对亚细亚主义思想发生兴趣。一个名叫小寺谦吉的国会成员甚至出版了一篇长篇论文，呼吁“灿烂的新亚洲文明”。一九一六年，印度文豪泰戈尔对一群日本人说，他们的国家“肩负着整个东方的使命”。

所以，当大川周明献身亚细亚主义时，各个国家互相协助拯救东方的想法转变成了日本使用武力对抗西方，他把中东也纳入了亚洲概念，忽略了其与印度以及中国之间明显的文化差异，而只强调一个共性，那就是：这些人不是西方人。他明白，相信这项使命的日本人越来越多了，他们真的把这视为“使命”，并为此联合起来。一九一八年时，大川周明还不是一个著名的意识形态鼓吹者，但他已踏上成为这种人的道路。

大川周明成年后基本上住在东京，但从未割断过和酒田的关系，有时会回去看望母亲和弟弟。他参加了原宿的一个马术俱乐部，热爱旧式日本乡间流传着的武士传说，他不再着迷于社会主义，转而用他的写作才能向高中生宣传它的优越性。尽管大川在大城市里生活，但一九一八年夏初，他对于乡村的热情再度回潮，当时日本正经历着现代历史上规模最大的社会动乱。

“米骚动”始于七月，日本在第一次世界大战中取得的经济成就并未惠及工人和农民，底层民众本来就对物价上涨很不满意，发动起义抗议大米价格飙升。接下去的几个星期内，暴民迅速遍及全国上百座城镇和村庄，愤怒的民众游行示威、声讨奸商，在街上和警察发生冲突，之后士兵为维持秩序向游行者开枪，情况愈加恶化。到九月末，三十个平民丧生，几百人被投进监狱。

大川周明对此感到义愤填膺，甚至有些震惊。他认为骚动表明日本国内存在某些弊端，如果不能先解决自身的问题，日本将不可能成为亚洲的领袖。

他并不是唯一这么想的人。那年秋天，在印度起义者拉什·贝哈里·博斯的邀请下，大川加入了一个非正式的社会组织，讨论日本国内逐渐恶化的社会环境。这个组织是由名叫满川龟太郎的日本记者发起的，大川很快与他成了惺惺相惜的朋友。两人年轻时都追随过共产主义，都对西方充满了仇恨（三国干涉深深地伤害了满川，以至他将自传的标题叫作《三国干涉之后》），都认为美国文化愚蠢低俗，都相信日本能把亚洲从西方帝国主义的魔掌中解救出来。除开信仰，满川还欣赏大川神秘的性格，仰慕他的双重生活——有时是个兴高采烈的哲学家，有时则是个静默冥想的爱国者。

一九一九年夏天，两个新朋友脱离了讨论小组，成立了他们自己的组织——他们想做的不仅仅是讨论社会改良，而是身体力行地进行社会改良。他们把新的小组叫作犹存社，大致是“那些仅剩的人”的意思，名字取自中国古代诗人陶渊明《归去来兮辞》中的诗句“三径就荒，松菊犹存”，大川和满川把自己视为松和菊——当日本改良成功，旧日的道路已不复存在，犹存社将是唯一保存下来的东西。

犹存社甫一成立，大川和满川就发现他们的规划中存在一个巨大的漏洞：他们自己从来没发动过一场真正的社会改良运动。尽管他们和印度异见人士友情甚笃，但他们本身并不是叛乱分子，他们决定向老前辈寻求建议，于是找到了北一辉。北一辉几年前写过一篇文章，尖锐地批评日本现状，文章非常震撼人心，出版后，有的人把作者称为天才，有的人则说他发疯了。

大川和满川很快又发现了第二个漏洞：北一辉在中国而不是在日本生活。大川同意亲自去中国，他于一九一九年八月八日出发。满川觉得这是个吉利的日子，因为那天是大正八年第八个月的第八天。大川从东京出发去日本南部的九州岛，登上一条名为“天光”的货船前往亚洲大陆，最终船在上海靠岸。在海上孤独地航行了几个星期，他那颗善于分析的大脑不可能没有注意到，这项神授的使命的第一站，是一艘名为“天光”的船。

北一辉和大川周明年纪相当，相貌相当英俊，两撇小胡子像一只没画好的海鸥，右眼看上去显得有些懒散——至少照片上看来如此。大川和北一辉之间不存在一种自然的纽带，这一点和满川不同。大川穿着考究，文风严谨；北一辉总共只有两套西装，最多只在一瞬间思路是清晰的，他是佛教日莲宗的忠实信徒，那年早些时候连续斋戒了四十天。尽管他们性格迥异，但北一辉还是被这个长途跋涉而来，试图讨论国家骚动的高瘦陌生人打动了。他们去了一家小旅馆，专心致志地讨论着这个问题，回过神时发现天已经亮了。

北一辉一生致力于社会改良，青年时代还在日本时，就加入了内田良平创办的黑龙会，一九一一年辛亥革命爆发后，北一辉作为黑龙会的代表之一移居中国。当大川周明来到跟前，试图重振祖国时，他迫切地抓住了这个机会。他已经在写一本新书了——和之前的书一样令人震惊，为日本改革制定了一幅细致的蓝图。他答应回日本加入犹存社，两人告别前，北一辉送给大川周明一件礼物以表达感激之情，那是一根手杖，一端藏有一把刀。

出版北一辉的改革计划成了大川周明的头等大事，《日本改造法案大纲》无疑会吸引许多人的注意。他敦促人们彻底推翻现有的政治体制，这听起来十分草率。北一辉希望天皇暂停宪法的实施，解散国会，采取戒严——这有点像得到授权的政变。

然后，革命委员会将任命新的领导者，他们的任务是建立受到高度控制的经济型国家，严格控制私有财产，缩小贫富差距（皇室也只能得到补贴），工业资本家和他们豢养的腐败政客将不能再搜刮贫穷的农民。

这一计划将全盘损毁日本借鉴西方模式建立民主社会的努力，也是一场更大规模骚乱的第一阶段。在前进的过程中，一个崭新而进步的日本将顺理成章地成为东方的领袖，只有到那时，北一辉写道："日本才能解放亚洲人民。"

北一辉的宣言最终成为日本极端主义中的经典之作，一名学者日后将之与《我的奋斗》相提并论，这当然是在夸大其词，北一辉绝不是希特勒，只不过是把日本比作东方的德国，但这本书仍然对社会造成了严重破坏。一九二一年，宣言诱发了流血事件，一个受到北一辉蛊惑的激进分子杀害了一个财阀领袖，然后自尽身亡。此后，宣言成了日本激进国家主义运动的《圣经》。

宣言更直接的影响是帮助犹存社登上了日本激进运动的舞台。社员用滚筒油印机把北一辉的书印了一百多份，分发给高层官员和其他精心选出来的对象。当然，书本身被查禁，但当一些日本领导者赞同其中的观点时，情况就不同了。北一辉出版该书后被内务处处以三十元的罚款，但内务部长本人给他寄了三百元表示认可。

取得这次成功后，犹存社办起了一份名为《呐喊》的刊物，呐喊可以理解为战争宣言的意思。刊物的创刊号于一九二〇年七月面市，社论由大川周明和满川龟太郎撰写，宣称日本若要实现神圣的亚细亚主义使命，就必须在国内进行改革："日本人必须成为旋涡中的涡流，那样才能解放全人类，我们必须首先改良我们自己的国家，因为我们对日本解放宇宙的任务抱着坚定的信念。"

大川周明给北一辉起了个外号，叫"魔鬼之王"，因为他觉得北一辉"与佛陀和魔鬼都相处得游刃有余"；而北一辉把大川叫作素盏鸣尊，这是日本神道教中的暴乱之神，因为他一旦打定主意，就不会犹豫。风暴一般的大川周明三十三岁时就聚敛了两团意识形态的乌云，一是联合亚洲对抗西方，二是把日本武装起来以达成这一目的，他自己就是两个旋涡中的涡流。

大川周明反对西方化，但二十世纪二十年代早期，东京处处都在进行着西方化：银行家、教师、医生和大财团经理构成新兴的中产阶级队伍，女性劳动力的比例上升；大株式会社在市中心设立总部，建造大型办公区以及现代化的商场；大众传媒出现，以一九二五年日本电台的诞生为巅峰；公共交通也出现了，电车在地面上开，地铁在地面下开；公园吸引人们进入城市，新一代的年轻人走进了歌厅、爵士俱乐部和银座的剧院；各个政治党派都在获得越来越大的影响力，宣传自由主义的要义——人类（男性）的苦难、裁军、策略性的外交政策，欧式的东京站是这一切的中心。

一半日本人欢迎这种民主的生活方式，另一半则将其视为对传统价值的入侵，非常危险。后者认为资本主义和党派政治腐坏了以无私为特征的旧日本，他们发现政治家把个人利益置于首位，金融巨头贿赂或操控着政治家，而农民、工人和乡下人困在新社会阶层的底部，这种分层方式的主要依据是金钱和权力，而这是不公平的。和之前的封建阶层一样，很多时候，暴动是唯一的出路。一九二一年，日本首相原敬在东京车站被一个激进的铁路工人刺杀身亡。原敬是第一个当选首相的平民——而这标志着日本的进步。

二十世纪二十年代早期，大川周明在不计其数的著作和文章中渲染人民大众的愤怒。他的代表作《复兴亚细亚诸问题》于一九二二年出版（东京审判中的控方将之称为“日本国家主义者的典型亚细亚主义宣传册”），里面写道，全世界都成了西方意识形态的展览馆：政治对帝国利益马首是瞻，工业资本主义操纵经济，所有种族紧跟着白人。与此同时，大川认为，情况在发生着变化，整个亚洲“都在奋起反抗西方霸权”。国家独立与精神独立的浪潮，即所谓的亚洲复兴，横扫土耳其、波斯、印度和中国，日本的责任是在全球转型的过程中带领东方国家向一个“神圣的新亚洲”迈进。

“我们必须手握双刃剑，”大川在引言中写道，“一面应对准亚洲普遍的不公，另一面对准日本国内的邪恶。所以亚洲复兴的斗士也必然是日本改革的斗士。”

大川借助犹存社扮演着斗士的角色，通过与玄洋社和黑龙会的合作，试图把犹存社的想法灌输给日本的最高层领导者。一九二一年，天皇的一位首席顾问反对皇室为裕仁皇太子挑选的皇太子妃，理由是她的家族存在色盲史，会导致遗传缺陷。犹存社认为他的反对是蔑视天皇，威胁要刺杀他，最终这位顾问不得不妥协。同一年，犹存社试图阻止裕仁皇太子去做长期的海外旅行，理由是这看起来太欧洲中心主义了，虽然皇太子没有接受劝阻，但也感到了压力。

在这一切进行的过程中，大川周明品尝到了放荡不羁的滋味，他经常喝酒，偶尔抽鸦片，频繁光顾东京神乐坂区的风月场所，和最喜欢的几个艺伎厮混在一起。其中一个搬去和他同住，但另一个非常忌妒，一九二三年时，她强迫他和其他人断绝来往。但他没有注意到这些行为的恶劣后果，比如他在此时染上梅毒，却没有治疗。

尽管大川周明试图对主流日本社会进行改革，但也保持着对主流社会的参与。一九一九年，南满洲铁道株式会社（简称“满铁”）旗下的一所研究机构聘请大川担任主编，该机构分析全球经济数据，同时着重于东亚地区。它是东京官僚最重要的智囊团，在皇宫外的一栋红砖房子里办公，大川就在办公室和满铁之间来回。满铁部分由日本政府经营，这也使得研究机构必须从某些程度上听命于政府，也就是说大川受雇于一个他企图推翻的体制。

大川和日本官员的关系不止如此，一九二二年，他受聘成为东京一所私立学校——社会教育研究所的讲师。研究所每年从日本农村招募二十位有潜力的青年教师，他们将接受一系列严格的职业培训，时间长短不定，完成后回到原来的社区，把所学的知识教给自己的学生。这个项目也是由政府出资的，地点在皇家园林一栋老式的气象大楼里。日本领导者选择大川周明，无异于承认了他是日本青年的精神领袖。

一九二三年末，研究所内部大调整，大川周明的权威更大了。第二年，他按照自己的日本改革蓝图重整学校，将之改名为“大学寮”，引入新的议题，比如经济和社会问题、国防问题等。重整后的大学寮鼓励日本爱国者全面发展，满川龟太郎教授时政，他相信这些学生最终能实现建设新日本的理想。大川周明本人开设的课程叫作“日本精神研究”，讲课内容后来结集出版，他在课上传递的最重要的信息是——日本是最好的国家。

随着大川周明越来越具有传统意义上的影响力，他和北一辉之类的激进主义者也越来越疏远了。北一辉变化无常的性格导致犹存社被禁锢于受到排挤的日本边缘群体之中，他自己成了一个臭名远扬的勒索犯，身边还跟随着一小群流氓敲诈犯，大川非常反对这些恶劣的行为。眼下，大川认为更明智的做法是采用不具有破坏性的手段开展改革，这或许是出于对事业的考虑，或许是他三十五岁时自然形成的想法。不知哪种原因，一九二三年，大川周明和北一辉分道扬镳，犹存社解散。如果大川真的想对祖国的未来产生积极的影响，他必须结交更体面的朋友。

和不讨人喜欢的朋友撇清关系后，大川周明于二十世纪二十年代中期赢得一群有权有势的政治和军事精英的垂青。他和牧野伸显交上了朋友。牧野于一九二一年至一九二五年担任宫内大臣，他有时会到学院去讲课，并觉得大川有着“罕见”的坦率品质；宫内次官关屋贞三郎也赞同大川的教学法；荒木贞夫和渡边锭太郎两名陆军上将也偶尔到学院去讲课。大川和这些显赫人物的交往可不局限于课堂上。一九二五年二月，他和最喜欢的一个艺伎结婚，日本海军上将余领六郎是证婚人，新娘是金子，也就是受妒忌的那个。

一九二五年，大学寮忽然停课，因为皇室要重新修葺大楼。大川周明安安静静地退出了，他不需要钱，他靠在智囊团工作的收入就能过上体面的生活，而且他已经在筹备组建一个更符合他理想的激进组织，他爱国哲学家的名声本身就是一张王牌。

一九二五年二月十一日，日本建国纪念日，大川周明宣布行地社成立，总部设在东京，全国各地都设有分部。成员是曾去大学寮聆听他讲课的那群军官，他们之间存在着一种天然的纽带：大多数军人都是从环境艰苦的乡下来的，所以支持改革，大川把这些人视为他试图复兴的旧式武士精神的代表。他的私人助理事后承认，他花了“非常大量的精力”来满足这群中坚力量，并试图将其扩大。大川创办了一份名为《日本》的月刊，里面的文章充斥着军事色彩，读者量很快攀升至几万。

行地社的信条相当高远，大川周明试图将之根植于日本人民的心中，这也是行地社这个名字的由来。为了能够理解大川设想的那个世界，我们有必要先了解他从理论上搭建的通往天国的阶梯。信条一：呼吁国家改革。这一点大川已经实践了多年。信条二：塑造国家理想。做到这一点意味着把每个日本人改造成富有道德感的人。有这个理想的人应敬畏神——这可以通过祭拜祖先实现，也应该敬畏人类，即悲悯他人，还应该敬畏自然，即克制自己对食物、金钱和性的欲望。一旦让一群富有道德感的人齐聚于一个特定的地理空间内，国家理想就会诞生。

即便一个基于国家理想之上的国家也要尊崇道德规范，所以接下来是行地社的另三条信条。信条三提倡通过国民教育体系获得“精神解放”，让每个人都具有基本的思考能力。第四条希望通过最少的法律约束和人人拥有平等权利达成“政治公平”。第五条呼吁大家通过财富重新分配达成“经济互助”，这样人们只要关注道德生活，不用再为生计操心（这显然不是资本主义，但大川强调这也不是社会主义，因为这两种体制都比他理想中的社会更注重物质）。当大川周明闭上眼睛梦想着“革命后的日本”时，这就是他所看见的图景。

行地社的第六个信条把国家改革和他更宏伟的亚洲统一目标联系起来。第七条则是终极目标：全世界“道德上的统一”，日本完成了神授的使命。

一九二五年十月，大川周明出版了一本煽动性的小书，使他的追随者得以一窥这片应许之地。这本书叫作《亚洲，欧洲和日本》，其中预言道：为了达到东方和西方在道德上的统一，将会爆发另一场战争。他试图说明人类历史是东西方文明“反抗、斗争和统一”循环往复的历史，这种反复不仅是必然的，而且是有益的，他相信其结果是建立在胜者理想之上的世界和谐，从某种程度上说，这种文化的冲撞是通往和平之路上短暂但必经的邪恶。

一九二五年时，大川周明认为这种循环又将上演了，东西方之间的关系因为二十世纪资本主义的兴起而达到剑拔弩张的地步，第一次世界大战之前，西方胜过了东方，但紧接着的亚洲复兴预示着东方将对西方霸权展开报复。很快，世界将陷入另一场惨烈的斗争，只有当斗争结束，人们期盼已久的道德统一才会到来。大川在最后写道：

“现在，东方和西方都各自达到了他们的终极目标，确实，若他们继续各自走各自的路，将不会再取得进步。世界历史清楚地表明他们最后将联合起来，但这不可能通过和平方式实现，极乐世界的欢愉隐没在冰冷的钢铁之中。如同历史告诉我们的那样，在创造新世界的过程中，东方和西方之间的殊死搏斗是必然的。”

大川周明相信，东方最强大的代表是日本，而西方的代表是美国，二者会在争夺霸主地位的斗争中短兵相接。他用生动的修辞手法指出，美国国旗强调星星，而日本国旗强调太阳，“与之相应，这是一场日与夜之间的战斗，”大川写道，“日本在将要爆发的美日战争中会取得辉煌胜利，意味着新世界的曙光将驱散黑夜的迷雾。”没有人知道这场战斗将在何时爆发，因此，大川催促日本人民立刻准备起来：

“天国将决定何时召唤你去执行那神圣的任务，你时刻准备着接受那召唤。”

大川周明并不是唯一认为美国和日本会在二十世纪初发生战争的公众人物。黄祸和美洲土著居民运动时代，就有人宣称要采取军事手段抵制某些类型的移民。加利福尼亚州对亚洲人的恐惧最强烈——多数亚洲移民住在加利福尼亚州。一九〇六年，旧金山教育委员会以“缓解拥挤”为借口在公立学校的课堂上把亚洲学生隔离开，局面很快升级成一场外交危机。“加利福尼亚州，特别是旧金山的那些可恨的傻瓜肆无忌惮地侮辱日本人，”罗斯福总统写道，“如果发生战争，将会由整个国家为他们付出代价。”日美两国就移民问题达成协议，但一九〇七年，罗斯福派遣了一支强大的海军——“大白舰队”去做环球航行，以彰显美国的军事实力。

第一次世界大战后，新的危机爆发了。日本以世界五大国之一的身份参加巴黎和会，在谈判时，要求新的国联宪章应加入种族平等这一条。东京方面认为，种族平等对于“帝国未来的利益”来说是不可或缺的一项。日本代表团事实上的领袖牧野伸显做了许多努力，但还是失败了。好几个国家反对这一条，理由是它可能被视为对日本移民的公开邀请。最后，种族平等这一条没有获得多数赞成。昭和天皇后来说，这一事件是第二次世界大战的导火索。

对许多日本人来说，这个决定反映了对亚洲人——特别是日本人根深蒂固的歧视，不仅与国联的宗旨背道而驰，也是对日本国际地位的不敬。一九一九年二月，各国在巴黎和会上辩论种族平等条款时，玄洋社中支持这一条的人在日本举行了一场会议，大川周明以日本亚细亚协会会长的身份参加。他对于西方的幻灭感很大一部分可以追溯到这次提案的失败。在《亚洲，欧洲和日本》一书中，他写道："国联的存在纯粹是为了英美能永久地称霸世界（具有讽刺意味的是，美国从没参加过国联）。"

美国和日本之间的嫌隙由此加大。对于许多日本人来说，压垮他们的最后一根稻草是一九二四年美国国会签署的一项法案：禁止所有日本人入境美国。支持者不希望再出现哪怕一个新移民，连分配给欧洲的移民数量也取消了，这个数量也只允许每年一百四十六个日本人入境而已。日本大使激烈地抗议此项法案，认为它会让日本民众背上污名，给双方带来的后果将"不堪设想"。参议员亨利·卡波特·洛奇强烈赞成限制移民，他把"不堪设想的后果"理解为"战争的潜台词"，更是竭尽全力地推动法案通过。四月，一切已成定局。

约翰·卡尔文·柯立芝总统（John Calvin Coolidge, Jr.）还没有来得及签署法案，日本全国上下就爆发了示威抗议活动，报纸社论认为这项法案是一种侮辱，宣称战争已迫在眉睫。人们开始同情亚细亚主义者。五月，一名日本男子在东京的美国大使馆前剖腹自尽——用一把六英尺长的匕首在腹部横向剖一刀，纵向剖一刀。人们在他的尸体旁边发现一封信，信中催促日本人"赶快对美国人的羞辱行为实施报复"。几天后，在玄洋社组织的一次三万人游行中，人们高呼着这样的侮辱不可原谅，要求日本先发制人。

美国人的反应多种多样，十份加利福尼亚州报纸一致赞成驱逐日本人，《华盛顿邮报》为法案通过"欢呼喝彩"，其他的媒体则认为法案预示着将要发生一些事件，《生活》杂志的编辑给国会成员寄了卡片，“预祝战争美好”。

这些事件成了大川周明一九二五年的预言——美国和日本总有一天会开战的背景，这个预言意味着大川的精神已经成熟，将开始运用他的影响力了。他成了东京审判时盟军检控官所称的“一九二五年至一九四五年间日本最重要的革命知识分子”。虽然其他人也考虑过东西方之间爆发战争的可能性，但这丝毫无损于大川那神授的使命，可以肯定，他并非在鼓吹一种极端的渴望，而是在表达共同的绝望，他只是比其他人更加雄辩。

坐在从东京往福冈的火车上，我开始思考，也许大川周明不是东京审判上的那个魔鬼，而是行地社成员眼中的“英雄”。东京审判的历史观是由作为胜者的西方人撰写的，认为大川的亚细亚主义不过是日本一九四五年之前侵略扩张活动的序曲。然而日本的保守人士仍然支持他的理论，坚信日本确实是为了联合亚洲而战斗。当然也有折中的观点：日本有理由仇恨西方，但在亚洲的行为太极端了。但无论如何，大川周明都是双方争论的核心，我希望了解他真正的立场。

我来到福冈，因为我知道，假如有一个人能够解答我的问题，那就是克里斯托弗·斯皮尔曼（Christopher Szpilman）。他是九州产业大学的教授，就算有学者和他一样了解亚细亚主义，也没有人像他一样花费那么多心力将之介绍给英语读者。他为大川周明、北一辉和满川龟太郎写过传记，最近和别人合编了一套两卷的亚细亚主义者文献。我告诉斯皮尔曼，他的作品对我很有帮助，他请我去他的海滨公寓——他和日本妻子住在那里，详细讨论。

斯皮尔曼是西方人，却成了亚细亚主义研究的领军人物，这部分是因为第二次世界大战以后，几乎没有日本人愿意触碰这个话题。日本主流知识分子都害怕一点，假如他们去研究这些信条，就会和日本战时的邪恶名声等同起来。斯皮尔曼不用担心这些，没有任何人认为他会鼓吹亚细亚主义，他认为这种意识形态基本上是“欺诈性的”，研究它主要是为了揭示其中的缺陷。

“意识形态塑造了日本的过去，也或多或少影响了日本的命运，要理解这些，就要了解得更全面些。”他对我说，“如果你回避大川周明这类当时在精神生活上产生重要影响的人，你就不可能全面了解，可以说是他们塑造了日本人对自己和对世界的想法，姑且先说那项使命，神圣的使命。”

我们见面时，斯皮尔曼六十一岁，借着最后一束日光，他看起来很像本 · 金斯利，特别是他嗓音低沉，还操着英国口音。他有一种吸引人的悲观气质，说话时常蹦出冷幽默，有时甚至让人无法察觉他是在开玩笑（我问他怎么会去研究日本历史，他回答说：“显然是因为发疯了”）。他常常说到希特勒，这无疑是因为他父亲是瓦迪斯瓦夫·斯皮尔曼的缘故。此人是大屠杀的幸存者，其回忆录《钢琴家》因罗曼 · 波兰斯基拍摄的同名电影而永垂不朽。我等待着他把两者联系起来，但他没有这么做。

我们花了很长时间讨论大川周明的意识形态论，吃了餐前开胃菜、晚餐，喝了酒。斯皮尔曼认为大川周明可能真的渴望亚洲统一，但他的书中存在着太多的“低级的不一致”，所以很难完全相信他的话。以一九二一年大川去香港那次为例，这个自称与西方为敌的亚洲斗士对于英国殖民地的生活一点儿愤怒也没有，相反，他在日记中写他愿意住上几个星期，“带上很多钱，尽情玩乐”。一九二二年出版的《复兴亚细亚诸问题》中，有些章节认为，犹太复国主义是亚细亚主义运动的一部分。三十年代末，这本书重印时，日本已和德国结盟，大川把这些章节删除了，由此可见他的伟大“使命”非常灵活。接着是大川与印度起义分子之间的友谊，请注意，他作为一个亚细亚主义者的悲悯之心并未惠及中国、韩国或伪满洲国，我们无法分辨在那些地方，联盟到底是出于联合亚洲的目的，还是仅仅为了日本的一己私利。印度远得多，因此也不那么容易征服。

如果你承认大川周明有头脑——这一点连控诉他的人也承认，你就必须设想他明白自己的缺陷，却选择置之不理。

“那他是怎样的人呢？”我问。

“他是个有才华的作家，知道该侧重于什么，”斯皮尔曼说，“我觉得他确实相信一些东西，比如日本在文化上所具有的优越性。”

这种强烈的国家主义情感可以解释为什么是大川周明，而非他之前的学者，把伟大的亚细亚主义使命和日本的崛起联系起来。他认为日本是一个完美的国家，因为日本是唯一从太初之时起，就由同一家族统治的国家，一个神圣的家族，至少神话中是这么说的。其他的国家哪怕只是能够理解这种美德，也会知道接受日本的领导会是多么幸福，西方资本主义将让位于更仁慈的兄弟般的亚洲式指引。斯皮尔曼说，在大川时代，有些亚细亚主义者使用“天皇化”这个词，也就是说，把全亚洲纳入大日本帝国之后，神圣的使命将扩展至全世界。

“我不知道该怎么说，”斯皮尔曼终于想到回答我的问题了，“我想他不是个很严谨的思想家，还有点机会主义者的味道。但他确实相信一些东西，这里面反西方是最重要的。”

那时夜已经深了，我很快到起居室去休息。墙壁上挂着两张陈旧的波兰地图，那里是斯皮尔曼的故乡，唱片柜的最上面一格放着很多他父亲的古典钢琴作品。斯皮尔曼一整晚都没有说过他那位著名的父亲，我猜想如果他去研究纳粹，一定会声名大噪，但他选择了战前的亚细亚主义者，因为这些人长久以来被别人忽略（“这可不那么有趣。”他承认）。从道德的角度看，他当然可以把大川周明这样的人说成机会主义者，这种说法可以解释为什么大川在一些人眼中是魔鬼，在另一些人眼中是爱国者。我仰面躺在黑暗中，思索着大川是否将东京审判视为羞辱西方人的大好机会，并紧紧地抓住了它。

第五章

无解之谜

我还在医学院上学时，最感兴趣的是发现身心如何以及为何共同运作，特别是两者如何以及为何运作失灵。

——丹尼尔·贾菲，《战地精神病医生回忆录》，1996 年

哈利·贾菲去世后，祖父感到心神不宁。一九三六年初，一家人从布鲁克林搬到了布朗克斯南部，那里离洋基体育场很近，可以开玩笑地说卢·贾里格（棒球联盟当年的本垒打王）会不会把球打到前门的门廊上。孩子们轮流开车去长岛的劳登医院探望母亲，她还在那里接受精神分裂症的治疗。我的祖父是家里唯一的小荷露尖的医生，因此他觉得自己担负着一份特殊的职责。他是唯一能够赞成或反对医生的治疗方式的人，这对于一个还在摸索世界的人来说是一份不轻的责任，后来他说那段时间感到 “无所适从”。

一九三六年秋天，祖父回到华盛顿，那是他在医学院的第三个年头。那时乔治·华盛顿大学的设施并不值得在家信中一提。一年后，一位名叫詹姆斯·沃茨的神经学家成了医学院的老师，之前他在新英格兰的医院工作，新同事对他的第一印象很模糊。就沃茨看来，乔治·华盛顿医院的 X 光机不如放在史密森研究院好，不过，如果

问哪个科系最有潜力，那就是精神科了，学校聘请了当时美国最知名的，也是最具颠覆性的神经学家——沃尔特 · 弗里曼医生。

弗里曼当时四十岁，身高超过六英尺，蓄着山羊胡，戴着眼镜，镜片上有很多道显微镜的刮痕。一九三六年九月十四日，他和沃茨进行了全美第一例前脑叶白质切除手术，病人是爱丽丝 · 哈马特，患有“典型的狂躁型抑郁症”。弗里曼和沃茨在哈马特的头皮上划开两道切口，在颅骨前额叶上方钻了几个洞，然后用额叶白质刀把金属丝伸进脑白质，连续六次，每次都是不同的侧面。手术的目的是把大脑前额叶和导致精神疾病的部分分离开。一小时后，当弗里曼和沃茨缝合伤口时，他们不仅改变了一个人的生活，也改变了整个美国的精神疾病治疗进程。

这次开创性的手术后几天，祖父就和沃尔特 · 弗里曼见面了。一九三六年九月二十六日，他在中午时分回到医学院，在 A 讲座厅找到一个座位，拿出一张三孔的活页纸，在顶部写上“神经学”三个字，下面画了两道横线，在“弗里曼医生”几个字外画了个方框。他和当时大多数的学生一样，第三年第一学期除了上核心的神经学课，周末还去弗里曼医生和同事 H.D. 夏皮罗的诊所实习。九月二十六日是个晴朗的星期六，气温在二十一摄氏度左右，我的祖父特别愉快，因为他觉得弗里曼的讲课将会十分精彩。大家都倾倒于弗里曼卓越的才华，很多学生带着他们的恋人一起来了。

确实，弗里曼以自己是教学界的巴纳姆（译注：美国魔术师 Phineas Taylor Barnum，他的名言是：任何一个一流的马戏团都应有能力让每个人看见各自喜欢的节目）而自豪，他最得意的是左右两手都能板书，他能用两只手同时画出与精神失常相关的大脑区域，从基底核到与其相关的损伤。弗里曼的座右铭是：作为一个老师，有趣最重要。他让夏皮罗讲解课本中的条条框框，而他本人则评估现场的病人。一个让人印象深刻的例子是，他在课上演示小脑延髓池穿刺，这通常需要非常小心，因为小脑延髓池和脑干非常接近。他的做法是在不经任何测量的情况下把一根针扎进病人的脊椎。一些人可能觉得沃尔特 · 弗里曼太鲁莽，我的祖父却觉得他非常勇敢。

今天，前脑叶白质切除手术成了罪恶的代名词，从很多方面说，它的确是罪恶的，从手术台上起来的，和之前躺下去的完全是两个人。“每个病人动过这种手术后都会失去些什么，某种自发性，某种灵光，某种性格——如果可以这么说的话。”弗里曼和沃茨曾经这么写道。但如果和此前承受的痛苦相比，许多病人和他们的家属认为手术的风险还是能够接受的，当然，他们也是走投无路才出此下策。这些病人已经在经验丰富的精神病医生手下治疗了很多年，没有其他办法，他们注定在精神病院里了却余生，连累家人。弗里曼和沃茨把前脑叶白质切除手术称为“最后方案”，否则等待着他们的“只有痛苦和死亡”。

做了前脑叶白质切除手术后，爱丽丝 · 哈马特的心病解除了，出院五年后，死于肺炎。她丈夫后来说，这是她生命中最快乐的五年。

二十世纪三十年代是精神病治疗史上一个崭新而大胆的时代，充满希望的介入治疗取代了精神病院的惨淡和凄凉，对于那些受到严重精神疾病折磨的人来说，前脑叶白质切除手术是他们的救星。弗里曼相信，这种手术也许能够治愈狂躁型抑郁症、急性焦虑症和情绪不稳，最后这种疾病已经困扰临床医生多年。精神分裂症患者经常产生幻觉和幻想，为了治疗，医生可谓无所不用其极——专业治疗、讲座、紫外线照射的牛奶、卵巢切除，还有一种奇怪的方法是用马的血清替代脊髓液，或者是补充维生素 C。如果没有更好的选择，百分之六十的精神分裂症患者会被送进疯人院。

一九六三年秋天，弗里曼的周六诊所一直都在营业。祖父详细的笔记里没有提到前脑叶白质切除手术，但到了十一月，每个在美国的人都知道了，南部医学会在巴尔的摩举办的会议获得媒体的广泛关注，弗里曼向同行绘声绘色地讲述这一新手术，引起激烈辩论。“精神病学家和脑外科医生就弗里曼和沃茨医生的观点吵了起来。”《时代》周刊这么写道。一位医生说手术是“医疗革新”的表率，当时美国精神病学领域的领军人物阿道夫·梅耶也觉得手术“很有趣”，但告诫人们要小心。许多与会者则没那么客气，对此表示怀疑。弗里曼的用词信心满满，离“治愈”只有一步之遥了。

“我们已经解开了精神病的死结。”

回顾在医学院度过的时光，祖父说他那时“最感兴趣的是了解身心如何以及为何共同运作，特别是两者如何以及为何运作失灵”。一九三六年，兴趣变成了一种激情，他的周六诊所笔记是少数保存下来的笔记之一，这也表明沃尔特·弗里曼对他职业生涯的影响。像他这样善于分析的人，不可能没有把学到的和日常经历关联起来。有理由假设，从那时起，在他眼中，他母亲的病不再是无解之谜，而是一个结，总有一天会被解开。

祖父的笔记上关于一种神经疾病的篇幅远远多于其他内容，那便是神经梅毒——梅毒的晚期阶段。今天，医学界已经不把这种病当一回事了，因为青霉素之类抗菌素的发明使得医生能够在病毒入侵脑部之前将之清除。但在二十世纪早期，神经梅毒是医疗界面对的棘手问题，沃尔特·弗里曼一九三三年写的神经病理学教科书中把它称为“现代神经学中最严峻的问题之一”。统计数据支持他的论断，神经梅毒患者在各大州立医院中占了相当比例，祖父一九三七年的笔记中写的是百分之十至百分之十二。

疾病有许多症状，“全身性瘫痪”——经常被简化成“全身麻痹”，最让人伤脑筋。发病初期，病毒螺旋菌持续侵袭大脑直至使其陷入疯狂，让病人产生幻觉、精神衰退，通常以神志不清和说话不连贯为标志，许多人不得不卧床，并且伴随失禁（沃尔特·弗里曼是在圣伊丽莎白医院时开始了解这种疾病的，他曾这样描述患上神经梅毒的病人：“骨瘦如柴的病人弯着背脊，像个卷饼。”浑身上下都是伤口，臭气熏天）。全身性瘫痪和现在的艾滋病有相似之处：两者都是性病而带上污名，两者都是长久以来找不到治疗方法，都会致命。在神经梅毒最猖獗的时候，一般都会很快做出绝症的诊断，你若患上，最多可活两年。

但到祖父上医学院时，神经梅毒的前景似乎已不那么令人绝望了，出现了一种明确的治疗方法，即高烧疗法。今天大多数人都忘记了这么回事，但在二十世纪早期，高烧疗法是医学界的一项重大突破。医生使用一种良性的疟疾菌株，让病人发起高烧，高烧杀死梅毒螺旋菌后，医生再用奎宁杀死疟疾菌株。这样的方法远非完美无缺，须尽早诊断出梅毒，高烧疗法才会起作用，并且它只能够阻止脑部继续受到损伤，无法修复已受到的损伤。不过，在高烧疗法的巅峰时期，它仍挽救了一半的病人，让他们免于两年的最后通牒，许多人完全恢复了正常的生活。

革新是奥地利医生朱利叶斯·瓦格纳-尧雷格启动的。“不管以什么标准来看，他都不友好，相当冷漠，克制，不苟言笑。”沃尔特·弗里曼写道。他在一九二四年的时候拜访过瓦格纳-尧雷格的诊所。尽管瓦格纳-尧雷格难以亲近，但他非常敏锐，还在诊所工作时，他就注意到精神病人的状况偶尔会在发过一场高烧后改善。他是第一次世界大战时在维也纳的精神病诊所工作时获得这项重大突破的。一九一七年六月，瓦格纳-尧雷格从一个患上疟疾的士兵体内抽血后立即给另一个全身麻痹患者接种。夏末时，他已在九个病人身上使用了同样的方法，其中六人情况明显好转，两人完全康复，过上了正常的生活。

不出几年，瓦格纳-尧雷格就发现这种治疗方法的康复率非常高，不久，世界上大多数发达国家的医院就使用同样的方法了（圣伊丽莎白医院是美国第一所采用高烧疗法应对全身麻痹的医院，至少在沃尔特·弗里曼的记忆中是如此。他在未出版的自传中说，第一只携带疟疾病菌的蚊子是跟着一辆“载重十吨”的卡车来医院的）。最终，高烧疗法的成功率达到百分之五十，其中百分之三十完全康复，百分之二十部分康复。一九二七年，瓦格纳-尧雷格成了诺贝尔医学奖的第一位获奖人。

瓦格纳-尧雷格的惊人成功很大程度上提升了激进精神疗法的地

位，高烧疗法暴露了神经梅毒的脆弱性，为整个神经学和精神病学带来了一颗灵丹。这并不是说这一疗法被广为接受，后人对前脑叶白质切除手术的一些批评同样也适用于高烧疗法。瓦格纳－尧雷格过了许多年才得到诺贝尔奖，因为一位评委认为让已经身患重病的人再患上疟疾，是一种犯罪行为。但总体上说，这种治疗方法燃起了人们心中的希望，即精神疾病是可以控制的，有时甚至可以完全祛除，只是需要找到方法。

祖父于一九三七年夏天回到纽约，在洋基体育场旁边的公寓里备份他为全身麻痹病人所做的笔记，这些笔记与他对这种疾病及其奇迹般治疗方法的想法有点相似，作为一个未来的医生，他或许把这些进步视为一种鼓励；而作为一个精神病患者的儿子，他或许也不得不想到还有许多疾病是医学无法提供答案的。无论如何，他都要牢牢地记住这些知识，在以后的岁月中，只要病人需要，他就能随时取用。

丈夫死后，埃丝特·贾菲只出过一次院，一九三七年一月，儿子伊莱带她去看詹姆斯·瓦瓦苏医生介绍的一位治疗师——一个“信仰基督教科学者”，两个月后她又回到劳登，一点儿好转的迹象都没有，整个人看上去“苍白，营养不良”。

一九三七年夏天，祖父一定非常关切他母亲的病情。他拿出遗产的一部分，到父母的祖国做了为期十周的游历。有一天，他和另一位旅客乔治·哈辛（George B. Hassin）攀谈起来。哈辛是伊利诺伊大学的神经学家，用英语写过一本重要的神经病理学教科书。

我的祖父一直记得这次谈话。在路上遇到一个志趣相投的旅伴很不错，不过祖父可能也意识到，即使在世界上最遥远的角落，他也无法逃开精神病的话题。

游船上放着很多象棋棋盘——这毕竟是要到俄国去的船。哈利·贾菲很爱下象棋，也很爱他的妻子，他生前从未以她的名义同意接受任何实验性的治疗方法，或许他感到已经失去够多了，不想再失去更多了。

一九三七年九月三日，祖父乘着“巴托利号”蒸汽船回到纽约。月底，他回到华盛顿完成医学院最后一年的学习，课程包括高阶神经学和精神病学。教科书和课堂上的内容表明，对重度精神病的治疗不像以前那么毫无希望了，或许现在是时候去发现究竟有多少希望。

夏天过后，整个华盛顿的精神医学界又着迷于另一种新疗法——胰岛素疗法。胰岛素疗法有时又被称为休克疗法，针对一类极为特殊的病人——精神分裂症患者。医生为了治疗这些病人，使用了从高烧疗法到前脑叶白质切除手术的一切方法，都没有什么成效（詹姆斯·沃茨事后说：“我们不能对付的只有精神分裂症了”）。夏末，沃尔特·弗里曼成了华盛顿第一个采用休克疗法的医生，八月中旬，圣伊丽莎白的医生说他们也将效仿。

那年秋天，贾菲家的孩子也达成了某种一致，十一月初，瓦瓦苏医生开始用胰岛素疗法为埃丝特·贾菲治疗。

胰岛素疗法的先驱是奥地利犹太医生曼弗雷德·扎克尔

(Manfred Sakel)，他后来被称为“精神病学界被遗忘的巴斯德”。胰岛素是一种调节人体内葡萄糖水平的激素，胰岛素分泌过多会导致患者因血糖过低而陷入昏迷，医生常把这种情况叫作“休克”。扎克尔在德国一所精神病院工作时治疗过吗啡上瘾的人，因而对胰岛素越来越熟悉。在给病人注射胰岛素以缓解他们对吗啡的依赖时，扎克尔有时会注射过量，致使他们昏迷，但他是个训练有素的医生，会立刻注射葡萄糖来补救。一九三三年，他写道，休克之前“烦躁不安”的病人醒来后变得相当“平静”。扎克尔相信，在严格控制休克的情况下，胰岛素可能可以用于治疗精神分裂症之类的重度精神疾病，这类疾病都导致病人情绪癫狂。

一九三三年十月，扎克尔在维也纳一间诊所第一次尝试休克疗法，诊所原来是由朱利叶斯·瓦格纳-尧雷格负责的。不久，扎克尔就公布了振奋人心的结果，一九三六年，他应纽约州精神健康专员的邀请移居纽约。他在哈莱姆谷州立医院给医生做训练，一九三七年一月，他在曼哈顿召开的一次医学大会上宣读了他的部分成果。那些亲眼见过治疗的人承认它“可能让患者重新过上正常的或部分正常的生活，以前那些毫无希望好转的病人有救了”，《纽约时报》这么写道。其他报纸的头条是《新疗法帮助病人恢复正常》，人们开始询问胰岛素休克疗法能否“治愈”精神分裂症。

二十世纪三十年代晚期，典型的休克疗法的疗程从四个星期到十个星期不等，医生持续增加胰岛素的注射量，直至出现低血糖的征兆，一旦进入可能导致休克的反胃，病人每天注射的胰岛素量就大得足以引起昏迷。每次休克后，过几个小时，医生就会通过鼻孔给病人输入四百毫升葡萄糖，好让他醒过来。休克阶段完成后是治疗末期，医生每天给病人注射极少量的胰岛素。这种治疗方法对人力和金钱的消耗都很大，护士必须小心看守正在接受休克治疗的病人，医生必须时刻做好注射过量的准备，并随时终止治疗。

当疗法起效时，是真的有效，没有人能够说明其中的缘由，扎克尔也承认他发现的只是一种治疗方法，而不是病理，他说这是“走正确的路，得出了错误的结果”。但休克疗法大获成功，病情的缓解率也上升了，这些都不是杜撰出来的。“精神病患者表现出来的变化非常令人吃惊，甚至是富有戏剧性的，很难精确描述。”扎克尔一九三七年时这么说过。精神分裂症患者接受治疗后经常对他们的疾病有清楚的认知，他们会这么说：“我知道我有过很多愚蠢的想法，但现在没有了。”在一次针对接受此治疗的一千零三十九名纽约精神分裂症患者的调查中，三分之二的患者都得到了一定程度的改善，有些甚至痊愈了。扎克尔曾经说，对很多患者而言，接受了胰岛素休克疗法之后的转变，“好像是死尸苏醒了”。

埃丝特·贾菲本人没有一下子苏醒过来。她做治疗时，一家人给医院的费用翻了四倍，上升至每周一百美元，但没有取得立竿见影的效果。十个星期后，一九三八年一月末，瓦瓦苏医生终止了治疗。埃丝特的身体状况好些了，她的体重增加了十五磅，看上去健康些了，但她的精神状况没有好转。一个月后，医护人员发现她企图用床单勒死自己，病历上没有说这一行为是出于幻觉，还是出于她头脑中尚存的一丝理性，觉得自己已经受够了。

那年春天，祖父从医学院毕业，他向布鲁克林的金斯郡高等法院请求宣判他的母亲生活无法自理，这样他就能成为她的法定“监护人”，处理她的一切私人事务。一九三八年五月三日，祖父对法官说，他不得不认为，他母亲的病症“将伴随她一生”。

一九三八年六月，祖父在纽约的皇后区综合医院实习，一家人又搬到洋基体育场北面一个街区以外的地方。但这次，卢·贾里格的身体已经非常虚弱，不可能再把球打到门廊上了。无论我的祖父在一群纽约顶尖的医学院毕业生中感到多少压力，这种压力都没有持续很久。他回忆道，他到皇后区综合医院的第一天，接收的第一个病人，被他诊断为患上肌萎缩侧索硬化症，他的同事也因此对他印象深刻。那时这种疾病还不为众人所知，一年后才引起人们的注意，那时美国所有的棒球迷都知道了卢·贾里格病（译注：卢·贾里格病即肌萎缩侧索硬化症，英文简称 ALS）。

这位刚毕业的学生用遗产中的最后一笔钱买了一辆普利茅斯产的双门轿车，把它叫作贝茨——那是他喜欢过的一个女孩的名字。六月初，我的祖父驾着贝茨去长岛的劳登医院，把听证会的传票交给她。除开这次探访的性质，有理由相信双方还是感到愉快。自杀未遂后，埃丝特·贾菲的健康状况就好转了，这要归功于胰岛素疗法。宣誓之后，瓦瓦苏医生在法庭上说他的病人仍会时不时产生幻觉，但比过去配合多了，也整洁多了，她甚至和其他病人一起在大厅里吃饭，她仍然不能出院，但她的精神状况有了明显改善。

其他人也注意到了这些变化。由法庭指定的监护人向埃丝特提了一些问题，她的回答“有条有理”，甚至“她还有点幽默感，相当机敏”。监护人在一份证词中说，他不认为埃丝特患有精神分裂症——尽管不知他是如何做出这样的判断的，并且很欣慰地发现瓦瓦苏医生已经把诊断结果从“昏厥型精神分裂症”改成了“慢性幻觉型精神病”。埃丝特还是想回家，她对自己的状态不甚了解，但至少明白了劳登医院是一个给病人住的地方，这些意味着她在沿着正确的方向前进。

一九三八年六月二十日，一家人去高等法院参加听证会。陪审团聆听了祖父的陈情、其他孩子以及瓦瓦苏医生的证词。下午三点，陪审团做出决定，埃丝特无法自理。一个星期后，大法官乔治·布劳尔指定祖父为他的母亲的正式监护人，他刚刚从医学院毕业，只有二十四岁。

祖父首先做的是让他的母亲能长期得到经济上的保障，他为她在银行设立了账户，处理她的经济事务，他记下每一笔交易，有时还向法庭递交他亲笔签名的账目。七月末，他开着汽车去阿米蒂维尔镇探望母亲，他不知道她是否理解法庭的决定，或者她是否会在意，我们也不知道他们说了些什么，我们只知道他像他的父亲一样带了吃的东西，是冰激凌。

这或许是祖父最后一次去劳登医院了，八月份时，他的母亲已经像个正常人一样生活了，能自己吃饭，自己照顾自己。“在住院的最后三个月中，病人情况明显改善，就好像刚刚接受完胰岛素治疗后那样，”精神病院主任医生约翰·劳登写道，“她不再说出谵妄的话语，也不再那么迫切地渴望回家了。”

埃丝特一不想回家，她长久以来的愿望就实现了，一九八三年八月二十三日，她出院了，和家人一起住在布朗克斯的公寓里，由她的大女儿比阿特丽斯照顾（我的祖父要去医院上班，小希尔维娅在康奈尔大学上学，她最喜欢的儿子伊莱消失在美国中部大平原的南部地区，去参加民权运动了）。经过法院允许后，我的祖父每月给比阿特丽斯六十五美元的生活费。就这样，他的母亲回家了，从他去医学院的那天算起，八年多过去了，那次他回到家，发现他的母亲不见了，而这一次，她会留下来。

我过完十三岁生日后不久，祖父给了我一本叫作《祖父的记忆》的书，给我这本书的目的是把祖先的基本个人信息告诉后代，比如家谱，他们的童年和青年、婚姻和事业等，直到我的出生。书是填空式的，有点像是回忆录接龙游戏，这样的形式让人无法隐瞒什么，不过我的祖父还是能想出法子来不做回答，比如第十七页上的“别人对我说我像……”“别人没有说”。

我能想象祖父的母亲发疯以后，他和她对调了角色，成了她的家长时，是怎样的感受；我能猜测作为一个医学院学生，他要把仅有的业余时间用来和律师、法官及医护人员打交道，这是多么令他沮丧；我能假设他有多么憎恨他的哥哥伊莱，伊莱小时候最受母亲宠爱，却让他这个不怎么受关注的弟弟来解决母亲大多数的问题；我也能预料到他尝试新疗法时有多焦虑，他害怕他的父亲不会同意，当他听到治疗过程中出错，她差点死去时，他感到一阵阵的战栗。我能看见他在夜晚被惊醒，但我只能猜测，无法确定。

没有人告诉我。

我去加利福尼亚州奥克兰拜访伊莱的遗孀维尔玛，她在奥克兰长大，伊莱二十世纪三十年代末去中部大平原时认识了她。我们花了几天谈论兄弟二人，其实是维尔玛谈了几天，我听了几天。她对我说，即使是大家都“成熟”了以后，即我的祖父已经是个职业精神分析师了，伊莱也不会和他的弟弟像以前一样谈话，不会谈起幼时共同居住的那栋房子，不会再有那么强烈的情感。

“事实是，他们两人不是同一类人，”维尔玛说，“伊莱不想听心理学术语，他想要更贴近他的东西，伊莱每问一个问题，就会听到那些被他称作是‘连字符’单词的词，比如母亲的养育，所有这些弗洛伊德式的词。你并不想听这些。丹（指丹尼尔 · 贾菲）需要和他的情感拉开一点儿距离，无论是为什么，他必须拉开一点儿距离。”

我原本希望能在那里找到一些信件，我知道兄弟俩有书信往来，联邦调查局跟踪了伊莱几十年，在我的要求下，把他的一封信寄给了我。［伊莱的生活丰富多彩，他在俄克拉何马州时因为参加共产党而被捕，被送上州里臭名昭著的“红色审判”法庭，然后无罪释放，二〇〇七年出版的《审判之书》里对此有记载。他是阿瑟·米勒的朋友，所以和玛丽莲·梦露一起泡过温泉。联邦调查局还监视过他和伍迪·格斯里（Woody Guthrie）的交往（译注：伍迪 · 格斯里是美国著名民谣歌手）。］我在维尔玛的地下室里翻了一个小时，直到发现一叠薄薄的信件，上面标着“丹”。

我跑上楼迫不及待地打开，里面的内容不太对，我问维尔玛是怎么回事，那是另外一个叫作丹的人，俄克拉何马州的某个家伙，我从没见过他，但永远不会原谅他。

“很多事情都没人知道，但我知道这些事一定发生过，”维尔玛说，“伊莱可能为了保护丹把很多东西都烧掉了，捕风捉影的追捕持续了很多年。”

这样我们只能听她所说的了，两天之内，她说的故事中有一个比其他的更让我印象深刻。那时是战后了，伊莱和维尔玛住在纽约海德公园，我的祖父母从华盛顿去拜访他们，祖父当时正处于精神分析训练的最后阶段，也就是说要进行自我分析。他去见分析师，却不肯说话，不愿意回答对方的问题，沉默地躺在沙发上，好像是《祖父的记忆》上的一页空白。

最后，分析师对他说：“如果你的沉默比谈话更有助于了解你自己，我没问题。”

“你觉得分析师是要放弃了吗？”我问维尔玛。

“我希望分析师是试图在告诉他：你能从你试图回避的东西中更清楚地认识自我。对于一个像他那样读过很多弗洛伊德，付出过许多努力的成年人来说，学会不再逃避，是很有启发性的，不是吗？”

我没有回答，维尔玛继续说下去。

“对我来说，我就是这样亲近他的，”她说，“我想他意识到了，也承认了，他总是很谨慎。精神病医生必须很谨慎，是吗？”

我也没有回答，我猜想一家人都会这么自问，他有他的无解之谜，现在我们也有了我们的无解之谜。

整个一九三九年末，我的祖父在皇后区综合医院担任实习医生，他每天在医院例行巡诊后开车去布朗克斯看望母亲，让贝茨车忙个不停，他还让许多个贝茨忙个不停——她们都是医院里的护士（他后来建议我的父亲和叔父——两人都是医生，实习结束前不要结婚）。无论他在他的新女友面前如何称呼这辆汽车，以及最初的那个贝茨现在如何了，我们都无从得知。关于那个时期，祖父只说过一件事：一九三九年九月的一个夜晚，他和其他人挤在实习医生办公区的一台收音机前，听到希特勒入侵波兰的新闻。

实习结束后，祖父去拜访沃尔特·弗里曼，当时是一九四〇年了，他仍旧希望能专攻神经学，他认识的很多医生已经进入研究生院，进行各自领域中的基础科学训练。弗里曼那一年已经招募了一个研究员，但同意帮祖父在神经病理学实验室里找个职位——如果他能接受只有奖助，没有薪水。

祖父考虑了一阵子，主要有两方面的考虑：一方面，搬回华盛顿意味着要把最后一笔遗产也用掉；另一方面，这是沃尔特·弗里曼——“前脑叶白质切除手术教父”，至少是个人脉很广的人，在他的实验室里工作不只是花钱，更是一项投资。祖父同意了，他再次离开纽约去了华盛顿。这一次，情况或多或少是改善了。

弗里曼和祖父很快开始合作一个研究项目，他们准备为当时还无甚记录的亚急性细菌性心内膜炎做一个个案研究，考虑到那个时期在精神病治疗方面取得的突破，这项研究不算特别激动人心，但这仍是职业生涯中的一步。一九四〇年十月三日，祖父在华盛顿医学协会的一次会议上宣读了个案，后来文章发表在一份医学专业期刊上，他渐渐地崭露头角了。

同一个月，他通过一位老同学，结识了一位叫作卡罗琳·莱夫曼的女孩。她的家也在纽约，住在华盛顿，在统计局工作。一天，他鼓起勇气给她打电话，她接起来。“你觉得我为什么要见你？”她问。“因为我是个好人。”他回答。接下来的六十年中，他们每次和对方说话都是用的这种口气。

实际上，他们一开始互相吸引的理由是那辆叫作贝茨的汽车，两人都需要开车行驶一段很长的路回纽约看望他们心爱的人，很快，他们都发现旅途比目的地更让人愉快，然后决定化繁为简，他们谈了七个月的恋爱。一次，在从布鲁克林回华盛顿的路上，他向她求婚了。

婚礼于一九四一年五月十四日（他二十岁生日后几天）举行，他们在华盛顿东南部，加林格市立医院对面的一间公寓里住下。他那时已经完成了在沃尔特·弗里曼实验室的工作，成了加林格医院神经科驻院医生，月薪二十五美元。

“我和他结婚时他只有几百美元存款。”我的祖母后来说。

“我有车。”他回答。

“还有车。”她表示同意。

沃尔特·弗里曼为这对新婚夫妻举办了一场鸡尾酒派对，那时他已经是医学界的明星了。五月末，《星期六晚邮报》刊登了一篇关于前脑叶白质切除手术的长文，上面是一张弗里曼和沃茨的大幅照片，作者曾亲临手术现场，并将当时的对话录了音。“我是谁？”弗里曼在手术过程中问病人。“威廉·伦道夫·赫斯特（译注：威廉·伦道夫·赫斯特，美国报业巨头，电影《公民凯恩》即以他的生活为蓝本拍摄）。”对方回答。如果你仔细想想的话，这也不算太疯狂。那年夏天，乔·肯尼迪指定弗里曼和沃茨给他的女儿罗斯玛丽做切除手术，手术失败也无损于弗里曼迅猛上升的知名度。

军队也想请弗里曼加入。二十世纪四十年代中期，军医署长预感会发生国际冲突，就要求美国国家研究委员会成立几个专业的医疗委员会，其中之一是由温弗雷德·奥弗霍尔泽带头的神经精神委员会，他是圣伊丽莎白医院的院长，委员会下有一个次级委员会负责人事和训练，弗里曼是其中的一员。整个一九四一年，他们开了好几次会，目的是为了遴选能在战时为国家服务的精神病医生。

一九四一年三月五日，人事委员会写给军医署长的一封信中列了候选人名单，祖父的名字也出现在其中，他被列为IV级，是那个等级体系中最低的。I为最高级别，表示全国闻名的专家（比如沃尔特·弗里曼本人），IV级是年轻医生，还需要上级的监督。后来，IV级中的医生成了每个师中的战地精神病医生。而在战争尚未爆发的一九四一年，军医署长的当务之急是把那些可能患上精神病的应征者筛选出来。一九四一年三月十二日，战争部发布了一份通告，上面列出了一系列精神疾病，从早发性痴呆症到神经梅毒，并说需要能快速诊断出这些疾病的医务官。

一九四一年末，祖父的无解之谜不仅是比几年前明朗多了，更是正在被解开，他当然不知道是以什么方式解开的，但他很快就会发现。十二月的第一个星期天，这对年轻夫妻跳进贝茨车里，他们要去弗吉尼亚看望一些亲人。车在第十四街大桥上行驶时，收音机里传来了珍珠港事件的报道。

“平和的音乐忽然被打断了，爆出了令人震惊的新闻，”祖父后来回忆说，“我们明白，又一场世界大战开始了。”

第六章

昭和维新

我们觉得这个国家需要一场彻底和全面的改革，昭和维新的呼声在不断响彻。

——大川周明，《日本历史读本》，1935 年

一九三一年初的一天，大川周明和往常一样早晨起来骑马。那年他四十五岁，他最喜欢的艺伎之一芳丸通常会去马厩等他，他很喜欢向她诉苦，确实是有很多东西让他苦恼。那年是昭和天皇在位的第六年，昭和时代一开始就有些惨淡，日本面临着大川周明所称的“满洲问题”，中国国内革命正酣，威胁到日本在满洲的领土，美国和日本的关系自二十世纪二十年代以来就十分紧张，如果局势继续恶化，可能会支援中国，俄国也想趁火打劫侵占满洲，更糟糕的是，日本国内的政客只关注争权夺利，不想联合起来对付外敌。早晨骑马可能帮助大川缓解了他宿醉后的症状，他那段时间酗酒严重，但仍勤奋地思考着。

一九三一年初的这一天，大川周明骑马后照例去东亚经济智囊团上班，他已在那里工作了十多年，他无疑再次想起了满洲问题。日本人特别关心满洲地区，一九〇五年在日俄战争中取得辉煌的

胜利后，他们在那个地区南部拥有了特权，在满洲建立要塞使日本能把爪牙伸向韩国以东的亚洲大陆，那里煤矿资源丰富，农业发达。和当时大多数的日本人一样，大川也把满洲称为日本经济的“命脉”。

命脉上的大动脉则是南满洲铁道株式会社，会社由日本政府经营，控制着将近七百英里的主要铁路段，外加周边的支线，通往上百座城市。铁路四周的发展提供了大量工业契机，也为日本国内逐渐增多的人口找到了出路，上百家日本企业和成千上万的日本人在这十年中来满洲定居，满铁株式会社用货车和客车运送这些物品和乘客。铁路沿线的区域是如此重要，因此日本派遣了一支一万士兵的军队加以保护，这就是关东军。

智囊团一开始聘请大川周明是因为他对印度有丰富的了解。这期间他花了大量时间研究西方殖民史，发现现代殖民地特许公司在实现宗主国政治野心这个方面远远比以往的公司有效，他们不仅是去那里经商，事后看来更像是操纵着政府。大川周明完全沉浸在殖民地研究中，他成为以殖民地研究为主的拓殖大学的教授，一九二六年八月，他因这项研究被东京大学授予法学博士学位。

“在这个时代，如果一个国家想继续独立发展，”事后，大川回忆他那时的想法，“它必须至少拥有一块能自给自足的领土。”

在大川看来，日本的这块领土显然就是满洲了。但在过去的几年中，日本对满洲的控制权在逐渐减弱，国民党当时正在向中国东部挺进，张学良拒绝与东京结盟，日本的影响力更是跌到了谷底。大川周明竭尽全力遏制局面继续恶化，他给日本外交部写信，亲自去满洲和张学良谈判，然而日本国会中的许多人都没有意识到问题的严重性。自由派采取了战后受到西方认可的“软弱外交”策略，保守派态度强硬一些，但在大川眼中还远远不够。日本的命脉快要沉入大海了，现在该去挽救它，而不是讨论该如何挽救。

所以，在一九三一年初这个和平常没什么两样的下午，大川周明走在下班回家的路上，他想要依靠一个如此分裂无能的政府去拯救满洲“是毫无希望了”。他想到如果不能及时解决，日本的经济损失将会多么惨重；他想到日俄战争期间在满洲牺牲的日本士兵；他想到历史已经宣布日本为整个亚洲的救世主——他知道假如失去了满洲的自然资源，日本就不可能在和美国“殊死搏斗”时获胜。他想：帝国的伟大使命只能是一个落空的宏愿了。

一九三一年初这个平平常常的夜晚，大川周明再次为政府的犹豫不决感到愤怒，他去参加了樱会的会议。樱会是一个秘密社团，由青年军官组成，他们也都像大川本人一样死心塌地地支持着政治改革。樱会中的一百五十多个成员在制订一项解决满洲问题的计划，这个过程中，日本政治的走向也定型了。“我们相信，如果对局面置之不理，日本国和大和民族将很快衰落。”一个第一次来开会的陆军少佐回忆说，“我们希望能尽己所能清洗日本政坛，让国家恢复活力。”为了达到这一目的，他们不惜诉诸武力。樱花是日本武士的象征，它盛开后将一尘不染地凋谢。

二十世纪三十年代早期，日本国内充斥着樱会这样的激进组织，成员大多是右翼军人，即便除开满洲问题，他们对国家的失望也并非空穴来风。一九二九年经济危机对他们造成的伤害最大，因为军队里多数是从贫困农村来的青年，西方资本主义和大规模商业的兴起让农村地区和农民遭受苦难，让他们非常仇恨。左翼激进分子也存在，他们进行的是共产主义运动，但到二十年代末期就全部被拘捕了，所以三十年代的激进分子无一例外是保守的军国主义爱国者。

这样的派系之争使得人们有理由质疑日本国内的党派政治。大约在一九三〇年时，日本还在逐渐适应刚刚建立起来的议会制，那时政客腐败的丑闻不断，比如一九三〇年春，四十九个政客被判犯有贿赂罪，这使得政党看起来非常自私自利。极端主义者相信只想谋私利的官员完全不会顾及日本利益，更严重的是，不把天皇的心愿放在眼里。

但是，倘若不是一九三〇年的伦敦海军会议，激进分子的野心说不定也不会大爆发。日本代表团在伦敦和其他四个世界大国达成了一项武器协议，触怒了国内的军国主义保守派（海军的领头国希望日本战舰的强度是美国舰队的百分之七十，但会议上指定的日本战舰的数量只占很小的比例）。反对者认为协议削弱了日本的军事实力，威胁到天皇在国防事务上的权威性。首相滨口雄幸说服国会通过协议时，口头上的抗议升级成了暴力活动，那年秋天，滨口遭到一个年轻右翼分子的袭击，几个月后伤势过重而死。

革命一触即发，大川和樱会的其他成员讨论着该如何推翻政府，让军国主义者掌权，许多年轻军官把大川视为理所当然的哲思型领导者，他们是通过行地社及其刊物《日本》了解他的思想的（协议签署后，大川在《日本》上发表文章写道，美国企图挤进东亚，日本必须“适时地让美国明白，他们不可能达成目的”）。其他人知道大川的书，前文中提到的少佐把《复兴亚细亚诸问题》看了五六遍。他于一九三〇年初出版的另一本书中说，士兵比政客更适合带领日本，因为他们是高贵的武士的后代。

他们以天皇的年号来命名这场阴谋：昭和维新。

一九三一年初一个平淡无奇的夜晚，参加完樱会的集会后，大川和他最好的朋友像往常一样去东京的妓院和茶馆。这群人中，平民有华族德川义宽（幕府时代德川家族的最后一代传人）和打手清水幸之助，军人有在陆军参谋部供职的中佐桥本欣五郎（樱会的创始人和东亚主义使命的追随者）和大佐重藤千秋（他也认为争夺满洲的关键是改革日本政府）。他们一起倒着米酒，和艺伎调情，低声讨论着革命，直至凌晨大打出手。

大川最喜欢的是筑地一家叫作金龙亭的旅馆，老板娘是大桥夫人，后来，大川开完革命会议后常常去那里见他最喜欢的艺伎，那是一个叫文丸的美丽女子，长得像个洋娃娃一样。（他们感情很深，几十年后，她在大川死后三天也死了。）根据大桥夫人的回忆，大川喝醉后就完全不同了，那个沉思的哲学家消失了，取而代之的是一个激情洋溢的爱国者，随着夜越来越深，行动起来的口号也越喊越响。

最终，大川周明在一九三一年初的一个夜晚回家去了，他喝得烂醉，被茶馆里的谈话弄得情绪高涨，迫切需要释放，有时会吓到妻子金子。她曾是艺伎，已习惯放荡的行为，结婚六年后，她知道自己的结局将会如何。但他比平时喝得更多，让她害怕，有时会朝她扑过去。“他神志不清时我会逃跑。”她后来回忆说。一九三一年初时，她只以为酗酒让他“变得像疯子”，但后来，她怀疑他的脑袋可能出了问题。

一天晚上，桥本向重藤透露了一个秘密，那就是比那些军衔更高的军官也同意“应该铲除”日本国会，这是樱会的终极动力。一九三一年二月七日，大约下午三点，一群青年军官在重藤家里策划政变，大川周明没有出席，但请求让他去招募叛乱活动所需要的平民支持者，这群人深受鼓舞，一整天都在商讨，直到午夜时分，一个详细的计划才诞生。

政变将于三月二十日发动，适逢国会就新的劳工法案进行辩论的那一天，由大川周明带领的一队平民将在首相的住所和两党的总部制造爆炸。他们用的模拟炸弹只能释放烟雾和发出巨响，但还是能让整个东京人心惶惶。接着，这大约一万人的叛乱团伙将在一队佩剑武士的护送下朝东京国会大楼走去（本次计划的细节要感谢田中清少佐的记录，他是樱会的成员之一，一九三二年一月退伍后把事情的来龙去脉都写了下来）。

主要由樱会成员组成的军队将以保护国会的名义制止叛乱分子，届时，一名陆军高级军官将要求首相币原重喜郎及其内阁辞职（滨口雄幸首相遇刺后，币原担任临时首相）。“这个国家面临着困境，”

军官会说，“我们要求必须采取相应的手段。”然后，当时的陆军大臣宇垣一成大将将成立新内阁——这在政变之前就要获得天皇的应允。

“我们不想完全摧毁国会，”大川周明后来说，“我们想建立一个新的政权，让内阁以军队为核心。”

把计划呈交给陆军大臣宇垣一成的任务落到了大川周明的肩上。他们五六年前见过面，很可能是大川在大学寮给青年爱国者讲课的时候，陆军省军务局长小矶国昭少将把两人的会面定在二月十一日，这一天是日本的建国纪念日，意义非常重大。绝大多数樱会中的军官内心里都相信宇垣一成像他们一样希望改革，但要获得他的支持，推翻他所效忠的政府，却又是截然不同的事了。

你可以想象大川周明越来越激动地向陆军大臣描述日本政党是多么“腐败堕落”，他细长的手臂随着话语上下挥舞，香烟的烟雾盖住了他的眼镜和乌黑的眼睛。他说人们已经开始“采取直接行动”反抗政府了，他问陆军是否能在宇垣的命令下“放行”，也就是说不要干涉或镇压叛乱分子占领国会。

两人告别时对眼前的状况有着不同的理解。几个月后，受到一名高官审问时，宇垣说他认为这个计划“很气人”，拒绝提供模拟炸弹，当场就回绝了大川周明。而大川离开时则相信已经把宇垣拉上了船，他“义正词严地表示对党派政治非常不满”，大川回忆说。实际上，宇垣同意会面，就或多或少表明了他的态度，无论那天晚上两人究竟说了什么，大川听到的都是对昭和维新的认同。

那天晚上，他把这振奋人心的消息告诉了桥本，受到陆军大臣的鼓舞——无论是真实的或是想象的，大川和其他人开始着手实施他们推翻政府的计划。

参谋部的建川美次少将给他们提供炸弹。建川把桥本介绍给陆军士官学校的负责人，他偷偷地批准调用了三百枚模拟炸弹，是在军事演练中使用的，桥本让打手清水幸之助到新桥站接应。炸药都用报纸包了起来，可以直接扔在车站站台上，清水把它们拿回家藏起来。现在就只有等待了。

这项任务比其他的任务都要困难，到二月底，人心开始涣散了。安排大川与宇垣会面的小矶国昭动摇了，其他几个高官也开始反对。田中清本来是线人，他现在也感到不安，因为政变要达到的目的只是摧毁旧政府，而不是建设新政府，他不信任非军人——特别是“大川博士”的参与。

大川周明并未试图做什么来改变田中清的负面评价，他和重藤“夜夜笙歌”，田中清回忆说，而且在艺伎面前有点嚣张地吹嘘他们的计划。三月初时，大川周明想让叛乱分子排练一下，结果只找到了几千人。田中清很清楚，“招募一万人的计划不过是空想”，其他人也同意。

随着原定日期的接近，大川周明一定也感到计划要崩溃了，一想到可能会失败，他就发狂，企图从直接接近最高层来改变局面。一九三一年三月六日，大川给宇垣一成写了一封信，恳求他“完成伟大的昭和维新”，末尾振振有词地要求他行动起来：

“如果你抱着坚定的信念和爱国情怀，注满沸腾的热血，忘却无关紧要的小事，只想着伟大的使命，勇敢地为天皇和帝国献身，与你志同道合的人，无论他们在哪里，都会站起来响应，伟大的事业一定会取得成功。投身于伟大使命的时刻到来了……愿天皇的荣耀遍及世界，愿那一刻赶快来临，哪怕提前一分钟也好。”

大川周明虽然声嘶力竭，但结果适得其反。宇垣一成事后说他收到这封恐吓信以后才明白事态的严重性，他尽力阻止大川的行动。这样的说辞无非是推脱责任——特别是考虑到他们几个月前见过面，但大川的言辞让这个陆军大臣非常紧张。三月中旬，小矶国昭传话下来，说政变必须终止。

大川周明不是会轻易放弃的人。在原定发动政变前一两天，他和清水出其不意地来到宇垣一成的家中，小矶国昭在大门口拦住他们，但走之前，大川说得很清楚，无论军方是否支持，他自己都会行动。这样的威胁并非空口说白话，因为大川和清水手上有三百枚模拟炸弹和一群流氓，他们如果借助烟雾和巨响让东京陷入无政府状态的话，将会很难处理。

小矶国昭请德川义宽帮忙，他是大川周明的好朋友，两人常常一起喝酒，是唯一可以稳住大川的人。三月十九日中午过后，德川义宽开车去大川工作的地方，不出所料，大川和清水坐在一起秘密地讨论着他们的计划。德川试图和他们讲道理，他说政变注定会失败，别人会说他们只是一时头脑发热了。

“现在最应该忍耐，耐心和谨慎地等待下一次机会。”德川义宽的日记中写他当时是这么说的。

大川周明从来不会出尔反尔，现在放弃让他觉得尊严扫地。所以德川义宽试图用忠诚感来打动大川，他说，即便他不赞成政变，也一定会站在朋友这一边，会和他们一起经受磨难，和他们一起“献身”，如果大川想要他这么做的话。

话语中的某种东西——或许是武士的荣誉感，触动了大川周明的情感，他恢复了理智，他答应放弃三月政变计划。决定后，三个人都哭了起来。

一九三一年五月末，大川周明去东京的日本青年馆就“满洲问题”发表讲座，将近一百个樱会成员前来聆听，讲座的内容无疑和他一个月后发表的文章重合。在文章中，他强调日本在满洲地区的强劲表现有多么重要，部分是出于历史的原因（日本在日俄战争中获胜，理应占有那片土地），部分是社会原因（满洲是日本经济和文化的“命脉”），部分则是亚细亚主义的原因（日本的使命是以和平的方式带领东亚）。他显然很快把在青年馆说的话写了下来，以“谈判、妥协或外交”处理这个问题的可能性已不复存在。

大川周明在当时的听众中可谓鹤立鸡群，他的身高自然能控制全场，略微不那么像日本人的长相，显得充满异域情调，他厚厚的镜片给他乌黑的眼睛和低沉的嗓音蒙上了一层智慧色彩，否则他看起来有点邪恶。他自从上高中时就是个口才非凡的演说家，他那富于煽动性的演讲比简单的事实陈述动人得多。从那时起，他的哲学家爱国者的风格愈来愈突出，作为一个殖民地研究博士，他华丽的辞藻中兼具学者的权威，大家都知道他是革命活动的一分子，所以他的文字还具有付诸行动的潜力。

到一九三一年中期，大川周明就满洲进行公开演讲已有整整两年。一九二九年时，由于对政府不满，他安排了一系列巡回讲座，希望加深大众对所谓满洲问题的认识（为了促成这件事，大川说服归日本政府所有的南满洲铁道株式会社放弃对经济学智囊团的控制，这样他就不再和政府有任何瓜葛了）。大川认为，假如日本政客不愿直面满洲问题，或许民众可以触动他们。

那段时间里，大川周明和一群演讲者去了全日本的上百个地方，他给人们散发小册子，给他们看电影，他能随机应变，根据不同的观众调整说话的语气和内容。比如，平民听到的是一场演讲，而军人听到的却是另一场。但无论听众是谁，大川都用两个最重要的观点来打动他们。首先，解决满洲问题不仅事关日本的经济利益，更关乎这个国家本身的存在；其次，政府的软弱使日本陷入亡国的危机。听众清清楚楚地记得每个字，大川周明站在讲台上鼓动他们，直至他们愿意为这个国家赴汤蹈火而在所不辞。

到一九三一年八月，一行人的足迹已遍及日本每一个县，从最北面的北海道到最南面的鹿儿岛，将近十万人听到了大川周明的讲话。那个月，大川来到伊豆群岛最北面的伊豆大岛，该群岛从东京湾向南延伸至太平洋，他的老朋友满川亀太郎和他同行。那场演讲本身或许没有什么特别，与大川前两年做的几十场演讲没什么区别，但满川注意到一条值得记录下来的观点，大川对听众说，接下来两个月中，“满洲将会发生一件轰动的大事”。

六个星期后，一九三一年九月十八日，满洲事变真的发生了，事变由关东军策划，借口是保护日本在满洲南部的领土。那天晚上十点过后，一名关东军军官在南满铁路路轨上放了四十二包炸药后点燃导火索，爆炸并没有造成重大损失；十点四十分，一列前往大连的火车毫无障碍地通过被炸铁轨，但关东军把罪责归咎于中国军队，如预先计划的那样挑起争端。

不久，争端就升级为全面入侵，关东军几天内就占领了几座重要城市。在东京，首相若槻礼次郎在自由派外相币原重喜郎的支持下，试图控制冲突，但无济于事。关东军军官忽视政府官员要求他们终止进攻的电话，一意孤行，他们确定这么做将会对日本最有利。到秋末，东北三省省会已全被关东军占领。

九一八事变后，日本引起了西方世界的关注，即便日本军队故意挑衅的事还未公之于众，也有很多人不相信日本人说的话。一幅美国政治讽刺漫画上画着一支日本军队高举着由国际和平条约做成的火炬，这幅漫画最终赢得了普利策奖。九一八事变时，他正好在满洲，后来给《哈泼周刊》撰文写了整场事件，他确定日本才是争端的始作俑者。他后来说，这次事件可以提醒人们，在一个文明的世界中，必要时，“或许可以加强军队能力，而非指导国家的政策”。

使得日本高层官员难以（若非不能）控制局面的原因，是日本民众对关东军的声援，社论作者纷纷相信是中国军队安放了炸弹，甚至连自由派的英语刊物《日本每周纪事》也认为可能是“一些中国人寻衅滋事”，挑起了争端。人们连续好几个夜晚挤在大阪的一座公园内观摩战斗录像，欢呼喝彩，全国人民都呼吁要奋力反击。

民众如此声势浩大，要求政府在满洲采取行动，恰恰是大川周明在为期两年的讲座中希望达到的目的。事变发生后，他再次诉诸公众演说来煽动群众的怒火，在两个月的“突击战”中，他和同行去了全国五十多个地方。一九二九年，当大川刚刚开始发表公众演说时，军方拒不向他提供援助，现在陆军参谋部全力支持他，甚至邀请他加入宣传队。

九一八事变通常被视为“十五年战争”的开端，直至日本于一九四五年投降为止。现在反观，这场事变触发了日本逐渐走向国际孤立。关东军从中国夺去的地区有了一个新的名字，叫作“满洲国”，尽管日本政府坚持“满洲国”是一个独立的国家，但西方世界认为它不过是个傀儡政权。国联开始调查这次事件，不久就发现是日本的阴谋。日本的反应是退出国联，明确表明想脱离西式的外交。日本民众不仅拥护这一决定，更是为之欢呼雀跃。

我们不清楚大川周明在九一八事变中扮演了什么角色，他显然知道是关东军中的板垣征四郎和石原莞尔策划了一切，但他对于全盘计划的了解，可能仅限于可能会发生些“事情”。但同时，整场事件中都能看到他的痕迹，他的一个弟子是东京陆军参谋部和满洲关东军石原莞尔之间的联络人，他供职的智囊团为石原的准备活动提供了很多重要情报。大川周明或许不像东京审判时《纽约时报》所说的，是“平民的大脑”，但他无疑是平民的声带。

但这些都是后来的事了，许多年后，人们才明白一九三一年的满洲事变到底具有怎样的意义，又过了许多年，它的恶果才影响到大川本人的心智，但那一天确实来临了。但现在，大川把注意力转向日本国内的革命时，满洲铁轨上的血迹尚未凝固。

一九三一年末，日本高层官员开始欣赏极端主义改革者的野心，各个级别的官员，直至天皇本人的首席顾问西园寺公望公爵及其秘书原田熊郎也关注起来。随着关东军在满洲愈加放肆，原田也催促国会采取革命性的手段。“军队政变（译注：指的是三月份那场胎死腹中的起义）是本次满洲事变的伏笔，”原田说，“他们的阴谋在满洲变成了现实，军队显然有自信在日本国内故技重演，这才是真正的危险。”

即便原田能够钻进日本激进分子的脑袋里四处察看一番，恐怕也未必能说出这么一针见血的话来。军队确实已经在酝酿另一场政变，这次定在十月。这一次，他们把三月份的计划上升到了新的高度，将屠杀内阁成员、包围东京警署总部、强迫媒体声援、成立新的军权政府——由大川周明担任财政部长。大川后来回忆说，这次行动的目的是“摧毁他们，建立有能力处理重要事情的强权政府”。

十月份，阴谋即将付诸行动前不久，武警出动了。桥本欣五郎被拘留了二十天，不过就纪律处分的力度而言，完全忽略了这个问题是以下犯上的本质。因为阴谋家是以促进日本进步为动机，一些官员甚至将政变视为有失偏颇的爱国主义行为而非叛国。大川周明又一次逃脱了惩罚，但没有逃过官方的注意，十一月初，警方开始严密监视他。

他曾一度试图再次尝试。一九三二年二月，他创办了一个新的激进主义团体，叫作神武会（传说中，日本第一代天皇——神武天皇于公元六六〇年建国时，曾预言他将统治“世界的四面八方”）。神武会受到青年右翼军官的全力支持，开始了一系列呼吁政府改革的巡回讲座。和大川周明就满洲问题发表的讲座一样，神武会爱国者希望持不同政见者减少非法暴力活动。大川住在东京大上崎的家中，此地位于品川和目黑之间，十分低调，在市中心南面一点的地方。

这种消极的手段与大川周明宗教式的吸引力大相径庭，这点很快就体现出来了。这时，两个海军中尉古贺清和中村义男来拜访了大川周明好几次，和他商讨当下日本的国情。这两个军官感到十分愤懑，因为他们欣赏亚细亚主义，赞成社会改革，大川周明很多年来都在宣传这两种思想。他们相信，就像一个志同道合的人所说的，日本有责任“带领亚洲人民抵御西方对东方的侵略”。他们对北一辉于一九一九年写的关于政治重建的书着迷，认为政党和经济力量预示着日本的覆灭，只有代表着这个国家真正灵魂的青年士兵才能拯救。

一九三二年三月二十七日，古贺清和中村义男来找大川周明要钱和枪支，两人已经安排了一次“农民起义”，一群农民将从全国各地的农村来到东京游行。这个计划让大川周明想起了他自己的改革梦想，他明白一些公众人物将在起义中受伤，但他认为这些伤亡不过是为实现昭和维新而付出的微小代价。从四月三日到五月十三日，双方就此问题会面了三次，大川给了这两人五支手枪，一百二十五发子弹，以及六千日元，这是“行动的原动力”，他事后说。

这次行动可不仅仅是农民起义。一九三二年五月十五日，由古贺清和中村义男带领的民众在东京制造了流血惨案。其中一队人闯入首相犬养毅家中，冷酷地枪杀了他；另外两队人在城里肆意杀戮，他们炸毁犬养毅政党的办公总部和警署，切断电力，袭击掌玺大臣，到处散发小册子，宣泄他们对政党、资本利益、“软弱外交”、裁军以及农村凋敝的不满。“未来的重建需要现在的毁灭，”这是他们的主要宣言，“站起来建设真正的日本！”

计划全部完成后，士兵向武警投降，他们没有按照传统剖腹自尽，而是希望能在法庭上向全世界陈述自己这么做的理由。

后来，这被称为“五一五事件”，除了首相犬养毅丧生外，事件造成的损失可谓微乎其微，当然，对于一位在任首相的死，有关部门不可能像处理之前那场夭折的政变那么轻率。在半年的监视过程中，司法机关了解到大川周明和起义者之间的联系。事件结束后一个月，他们打电话给大川，让他到警署接受审讯。

大川说，那天晚上他正好要去日本北部某地，但他很乐意回来后与警方合作。他挂断电话后，警方立即采取行动。十个警官冲进上野车站，准备在大川登山十点的那班列车前就拘捕他。他们到时，发现大川身边站着二十多个来为他送行的朋友。警方不想闹得满城风雨，所以没有立即拘捕他，而是跟他上了列车，坐了一个多小时，监视着他。

你能想象大川周明坐在那里，很有可能抽着烟，圆圆的镜片贴着玻璃窗，或许在思忖着这四十五年来他所做的选择导致了什么样的后果。列车开到土浦站时，警方拘捕了大川周明，他显然是在走神，没有注意到他们。

“如果我被捕，”大川对他们说，“我希望是在家里。”

警方接着去了大川的家，他们在那里发现的东西很大程度上说明了他的影响力。在他的住所搜查出的文章“有力地证明了大川在所有国家主义阴谋团体中都异常活跃”，这是美国陆军战后公布的一份报告中的原话。他和涉嫌参与三月事件和十月事件的高层政治官员、军官和士兵，以及支持日本改革的人，都有书信往来。他写了关于东京各个发电站和报社的调查报告，他的有些文件，仅从名称上就能看出他对关东军、九一八事变和昭和维新的了解程度。

作为一个和刺杀首相的阴谋息息相关的人物，大川周明一定对接下来几年的生活非常着迷，市谷看守所里的狱卒和典狱长总是给他特殊待遇，让他先洗澡，戴上草帽遮住脸。他在牢里学习书法，花了几年时间写了一本回忆录，叫作《平庸者的自传》，书名有一丝自我贬低的色彩。手稿有六百页，写完后，大川觉得这只是为他一个人写的，就在狱卒面前付之一炬了。

随着对五一五事件的各个参与者产生了同情，审判后的几个月中，成千上万份恳请从轻处理的陈情信从全国各地发到法庭上。陆军大臣荒木贞夫收到的一封信，里面附着九根人的小指，每一根代表一个愿意代替叛乱者去死的人。荒木贞夫本人和海军大臣大角岑生公开赞扬叛乱者是出于“纯洁”的爱国动机，审判开始后，各方的声援有增无减。叛乱者站在被告席上“声色俱厉地控诉邪恶的资本家民主，比以往任何人使用的手段都要恶劣”，一位旁听的记者这么写道。罪犯忽然变得像受害者一样了。

对平民的审判与对军官的审判分开进行，于一九三三年九月才开始。大川周明十一月出庭，他详细地说明了三月事件和十月事件的始末（那时政府为了抑制言论，出于“维持公共秩序”的目的封锁了法庭）。审判第二十天，他开始陈述五一五事件，他并没有否认自己是同谋，反而让人感觉他的行为表明了他的道德立场，是不可妥协的。

“当然，我的行为将会受到法律的惩罚，”他最后说道，“但即使是现在，我也非常肯定我们的动机是正当的，结果也是对日本有利的。”

法官上垣修六可不同意。一九三四年二月初，法庭以谋杀从犯和违反武器法两项罪名判处大川周明十五年监禁，和古贺清的判决一样，中村义男的监禁时间是十年。大川周明上诉了。

在新的审判中，大川周明强调应该更多地考虑他的行为是出于善意，他的律师强调他在知识上的贡献，比如他的著作、学术成果、对于亚洲的理论等。他们说，德高望重的大川博士不该受到和流氓团伙头头一样重的惩罚，他若被判刑，将会损害他“高尚”的灵魂。他们说，假如这个国家摧毁了这么一个“极具天赋和爱国热情的人”，将会是一桩罪过。

听到这么一席话，法官们都心软了。一九三四年十一月九日，上诉法庭将大川周明的刑期减少为七年。大川宣布他将再次上诉。显然控方也想这么做，三天后，他获得保释，条件是解散神武会。第三次审判后，他的刑期减至五年，由于健康问题缓期至一九三六年执行。他利用这段平静的时间回酒田市去看望母亲，还出版了一本叫作《日本历史读本》的书，“昭和维新的呼声在不断响彻”，他写道，人民的“要求是正当的”，将会征服一切企图“镇压或奴役”他们的人。

一九三六年六月十六日，大川周明终于去丰多摩监狱报到了，他被监禁在一间大约四张榻榻米那么大的木牢房里。他每天吃三碗饭配蔬菜，穿着柿子色的囚服，厚度随着季节的变化而变化，他唯一的伙伴是在牢房外叽叽喳喳叫的麻雀，他的嗓音因为长时间不说话而变得沙哑，所以狱卒允许他在每天半小时的散步时间里放声大叫。

他觉得监禁是一种奇怪的解脱，讽刺的是，他不必为生计奔波，不用担心食物、住处、卫生纸、笔记本这样的事，他可以看他想看的任何书。“监狱生活完全不像我想的那样是地狱。”他写道。

摆脱日常生活的琐碎以后，他花了很多时间来磨炼律师所捍卫的那份智慧，他对殖民主义的研究追溯到哥伦布、达伽马和麦哲伦，他每天都在研究这段历史，直到手稿达到五千页（他后来出版了其中的一部分，书名叫作《现代欧洲殖民史》）。他在书中写道，西方殖民主义的教训对日本尤其具有指导意义：日本是“唯一的强大而重要的非白人国家”，因为它试图将帝国建筑在更加“高尚的理想之上”。在一篇回忆监狱生活的文章中，他说，由于不必再背负“道德上的痛苦”，所以他更能专注于研究。

“甚至连我这个不太强壮的人都能在监狱里活下来，所以别相信监狱有多可怕。”他写道。

一九三七年七月，德川义宽和清水幸之助见了一面，商讨他们老朋友的刑期，整个夏天和秋天，他们都在四处游说，希望尽快释放大川。他们人脉很广，许多人都抱着同情的态度，其中一些还很有权势，毕竟德川义宽是贵族院（日本国会中采取任命制的上议院）的议员，他以私人名义请法务大臣盐野末彦帮他一个忙，对方答应了。

一九三七年十月十三日，大川周明重获自由。考虑到他在在野首相遇刺案中扮演的角色，他被拘留了大约两年，正式服刑不到十六个月。“回想起那些年时，”他写道，“一点儿黑暗的记忆都没有。”

一九三七年十月十四日，大川周明出狱后一天，一名日本内阁大臣宣布中国和日本已爆发全面战争。“我坚信日本人民身负的使命，发自内心地相信我们应该在促成亚洲繁荣的事业中扮演关键角色。”他说。他把战争说成“为重建亚洲而发起的圣战”，这话和大川周明本人所说的如出一辙。把联合亚洲作为神圣使命的一部分，这原本只是一种边缘思想，现在却成了日本主流社会所追逐的目标。

一九三七年，大川出狱时所看到的景象，和他一九三二年入狱时所设想的非常相似。政党被所谓的“国家内阁”所取代，由无党派的官僚构成，没有军队的允许，没有人能够成为首相（原注：比如一九三七年时，虽然宇垣一成很受民众拥护，但军队拒绝让他担任首相，作为他放弃一九三一年政变的报复）。日本的军事开支飙升，极端右翼组织遍地皆是，在“满洲国”的地位也稳固了，在国联的日子彻底结束了——它只是西方强权的工具。当时的作家开始辩论法西斯主义是否已经到来了，但是没有人把这个新体制看作是日本多年来努力实现的民主。

同时，大川周明成了名人。一九三八年四月，他出狱后六个月，和德川义宽成立了大和会。大和指的是日本人，大和会中的三十七名成员将自己视为正统日本人的最后传人，日本驻意大利大使白鸟敏夫、日本驻中国军队总司令松井石根、昭和维新的主谋建川美次也加入了他们的行列。他们在不同的地方集会，讨论对中国的战争，商讨日本的最佳策略。大川终于摆脱了他那些底层同谋，跻身精英的队伍。

不久，大川周明被政府的最高层接纳。一九三八年夏天，板垣征四郎升任陆军大臣时，大川为他举办了庆祝宴会；他和板垣的副大臣东条英机一起参加社交活动，把他视为亲切的朋友，东条当时是一颗冉冉上升的新星。“我们非常谈得来。”大川后来说。一九三九年，大川说服了一名海军上将加入平沼骐一郎的新内阁。日本政界要人不管喜不喜欢大川周明，都听说过他这个人。天皇的首席顾问西园寺公望公爵说：“像大川周明这样的人一点儿好处也没有。”他对于那么多日本政治人物和大川这么热络感到十分沮丧，大川是个聪明人，也是个罪犯。

大川周明的人际关系促进了他事业上的发展，他成了东京法政大学的教授，以顾问身份重新回到智囊团里工作，还成了一所寄宿制学校的主管，学校每年从全国的中学里遴选二十个毕业生。陆军部拨了十五万日元让学校启动，外交部每月拨五万日元让其维持运作。这所学校是专为亚细亚主义服务的，它的目标，照大川的说法是让日本全副武装，准备领导东亚。大川那些有权有势的朋友会时不时来做一些讲座，白鸟敏夫、板垣征四郎、松井石根和东条英机更是经常光顾。人们把这所学校叫作大川学院。

大川周明的家庭生活也和睦一些了，他和金子雇了一个女佣，但夫妻二人没有孩子，他们没机会了，大川已经五十多岁，金子也只比他小两岁。但他的父性本能使他和学院里的学生越来越亲近。学校位于目黑，步行就能到大川家，他每天早晨都会和学生谈话，还在毕业时给他们写诗。有时晚上喝完酒回家的路上，他会让学校的学监把他带到寝室，在黑暗中看着学生，就像看着他自己的孩子一样，学生们继承了他的哲学思想，对于一个注重精神的人，这就足够了。

他的亚细亚主义思想赢得了全新的听众，一大批泛亚细亚主义社团成立了，其中一些是由政府首脑和军队高官扶植的。大川的书以前只有极端分子会阅读，现在却供不应求，需要重印。他对日本文明的分析和研究现在加入了中日战争的内容，书名叫《日本历史2600年》，成了畅销书。大川写道，中国误解了日本在东亚的“真正意图”，日本想做的，是在共同理想的基础上建立联盟，不是帝国政府。日本之所以动用武力，是因为中国需要“反省”对日本伟大使命的“态度”。他认为战争“是复兴亚洲的第一步，以后还要重塑整个世界”。同样的话，他已经说了很多年，只不过到现在终于有人肯听了。

亚细亚主义的信条终于让日本和美国处于势不两立的局面。美国人把日本在东亚的所作所为视为其帝国野心的表现，然而日本领导者却视为自我防卫和对文化统一性的纯洁追求。让美国驻日大使约瑟夫·格鲁吃惊的是，在那么多西方人看来，亚细亚主义者的说辞是那么荒谬，却有那么多日本人相信。他们“真的很善于自我愚弄，让人震惊”，格鲁写道。一九三六年，罗斯福总统警告日本，要经受得住“那种狂热的想法，即这个国家被遴选来完成一项伟大的使命”，但第二年和中国开战后，所有的日本人都开始这么想了，外交官松冈洋右对记者说，日本仅仅“是为亚洲的使命而战”。

一九三八年，近卫文麿出任首相，亚细亚主义从一种流行思潮升级成了国家政策。首先，近卫文麿制订了一个所谓的亚洲新秩序计划，他希望中国、日本和“满洲国”能携手并进，借助他们的亚洲传统，形成一个政治和经济集团，稳固整个东亚，最终是整个世界。日本一步一步在东亚的扩张终于触犯了美国人的利益，美国政府要求制造商停止向日本供应材料，因为这些可能被用于对平民的屠杀。一九三九年十二月，罗斯福总统把这一“正义的贸易禁令”扩展到钢铁工业上。

一九四〇年七月，美国和日本的敌对关系又上了一个台阶。当时近卫文麿二度担任首相，由松冈洋右担任外相，为进一步鼓吹亚细亚主义，他们提出建立“大东亚共荣圈”的口号，也就是说亚洲联盟应是一个同心圆，日本是圆心，里圈是“满洲国”和中国，外圈是荷兰东印度公司、法属印度支那、泰国及太平洋诸国。与此同时，美国派遣了一支海军舰队驻扎在珍珠港，对原油、生铁、钢和其他战争物资实施制裁。一九四一年，日本政府决定不惜一切代价维护他们新的共荣圈，必要时将动用武力。

一九四〇年一整年，日本举着“亚洲和谐”的旗帜蹂躏东亚。传统上，西方学者认为诸如“亚洲新秩序”和“大东亚共荣圈”之类的概念不过是空洞的臆造，为军事侵略提供一个冠冕堂皇的借口，很多证据能证明这条结论。对中国发动的战争成了日本榨取资源——特别是石油的主要途径，东亚许多国家石油资源丰富。亚洲团结和解放殖民地的理念为合作提供了道德上的托词，表面上看是非暴力的。一些日本领导者正是出于这样的目的利用亚细亚主义者的理论。

但是，至少对一些日本人来说，他们确实（幼稚地）相信统一亚洲是一切行为背后真正的动机。亚细亚主义者的思想让这恐怖的时期变得合理，所以许多人就接受了这种表面现象。“现在反思时，我们听到这些宣传语时只会感到厌恶，人们会说，以为全世界都会理解，简直是发疯了。”日本诗人吉本隆明后来承认，“但那些理想，比如‘大东亚共荣圈’和‘解放东亚’，它们本身并不邪恶。”除去天花乱坠的政治用语，日本人觉得他们只是在模仿美国人的一贯做法，没有什么可指责的。这段时间里，松冈洋右常常在大川学院里讲课，他依次把日本对中国发动的战争，和美国对墨西哥人和印第安人发动的战争相比较。

这并不是说所有的日本领导人都希望打仗，但一次又一次，他们也没有改变自己对于亚洲的看法，从而去避免战争。许多人感到他们是被所谓的“ABCD 强国”围困了，A 指美国，B 指英国，C 指中国，D 指荷兰，他们认为从这种困境中解脱出来的唯一办法就是打仗，没有一个人愿意听从美国的指示，把军队从中国撤离。一九四一年十月中旬，近卫文麿已是第三次担任首相，他无法缓解全球范围内的紧张局势，终于辞职了。原来的陆军大臣东条英机继任，他是一个可以控制军队、开启新一轮和平谈判的人。但是，他的亚细亚主义狂热剥夺了他的判断力，在就职演说上，他信誓旦旦地说，日本把亚洲新秩序视为通往世界和平的重要一步。

到了十二月初，没有人再抱着这样的希望。东条英机先发制人，手段残忍。依照日本日历，战斗机定于一九四一年十二月八日偷袭珍珠港。就在同一天对太平洋发起的协同进攻中，日本军队袭击了菲律宾、马来亚（今马来西亚）、中国香港、泰国、中途岛和威克岛，街角上的报童摇着小铃铛叫卖号外。中午时，香港广播台传来正式宣战的消息。日本电台很快被爱国歌曲湮没，报纸上把这场战争称为“东方道德和文化的伟大复兴”和“亚洲的彻底解放”，政府把这场冲突称为“大东亚战争”。

一九四一年十二月，这几个词在东京的街头巷尾口口相传，在大川周明听来无疑十分熟悉。世界大战爆发时，他并不是全日本最具影响力的人，但当他的国家迈出了这致命的一步，许多重要的人物都和他抱着同样的想法，而他本人就无须是一个重要人物了。

我去酒田时，大川宪明告诉我，珍珠港事件发生前几天，有人回忆说，大川周明在电话旁等罗斯福总统的来电，希望他能成为让日本终止战争的人。这听起来很荒唐，但大川周明多年来的所作所为也很荒唐，所以我就问大川宪明这件事到底是真是假。

“谁知道？”他回答，“或许那时他就疯了。”

我当时没有太在意这个毫无根据的传说，但几个星期后我又想起来了，那次我刚和日本历史学家栗屋宪太郎谈完话，他是立教大学的杰出教授，是公认的东京审判专家，我和翻译千明在东京郊外一家热闹的咖啡馆约见他。我们一坐下，栗屋就点了一支七星。作为自我介绍，我把一份祖父的诊断报告递给他。他拿起来在空中拍了一下，好像面前就是东条英机的脑袋一样。

“人们还在怀疑他到底是在演戏，还是真的疯了。”他说。

“您认为呢？”我问。

“这取决于你问谁，不同的人有不同的答案。”他一边说一边抽着七星，“审判前的审问阶段，他很清醒，然后，他被从被告席上移除了以后立即恢复了清醒，继续翻译《古兰经》。所以，一些人认为他是装疯。”

“您怎么看？”

“很难说。”他回答。

我觉得栗屋可能还没有想得很透彻，然后我们点的饮料来了，话题岔开了，一下午的大部分时间都在讨论审判本身。栗屋用他几十年的研究，试图证明审判的结果仍旧影响着日本社会（如同南北战争仍旧影响着美国）。一方面，那些排斥审判的人代表着一种可怕的文化催眠，他们像大川周明一样坚信日本发动战争纯粹是为了解放亚洲；另一方面，那些盲目接受审判结果的人相信，大川周明及其同僚的“军国主义犯罪小集团”把日本推进了战争旋涡，他们可以借此逃避自己的附逆行为。比如，所有在聆听大川周明满洲问题的讲座时欢呼喝彩的人，都助长和强化了日本神圣使命的观念。栗屋说，这两派人都让日本和东亚邻国（尤其是中国）之间的关系变得非常复杂。

栗屋五分钟就喝完了咖啡，然后一直小口喝水，每支七星都吸到离滤嘴半英寸的地方掐灭。谈话过程中，他一直穿着外套，抱着双臂。我问他，大川周明是否真的像盟军检控官说的那样，能影响到日本的帝国崛起。

“控方起诉大川周明，因为他们觉得他是这种意识形态（亚细亚主义）的始作俑者，”他说，“但还有许多人也是这么说的，所以很多人都难辞其咎。”

我告诉他，我见过好几个人，他们不认为大川的所作所为是一种罪行。他说大川本人可能也是这么想的，然后，他几乎是无缘无故地又捡起了大川是否装疯这个话题。

“就好像是在拍动画片一样，”栗屋说，“所以许多人还在怀疑他那时是否疯了。”

几分钟后，我再次问栗屋，他对于东京审判第一天那混乱的局面作何感想。

“我不知道，”他说，“没有人知道。”

“但您看过报告，您怎么看？”

“好吧，如果一定要说，我感觉大川可能是在演戏。”

“为什么那么想？”

“因为太巧了。”

离开咖啡馆后，我想起栗屋说的话，这也不是我第一次听到这种说法。无论是不再出庭，还是出狱，或者不用面对更糟糕的局面，大川崩溃的时间都太巧了。但是，栗屋和其他人会这么想，也许是因为他们把这件异常的事孤立起来看。假如你能回想一下其他事，那是一个疯狂到足以等着罗斯福来电话的人，那么他在审判时的行为就完全不同了。我那时没有考虑好的是，如何把大川在法庭上的行为看作是精神状况持续恶化的后果——和日本偷袭珍珠港一样，而不是在那一个特定的时刻装疯？或许，很多年来，他的精神就在走下坡路，只不过很缓慢，难以察觉，就好像分针在钟面上走动一样，所有疯癫的行为都被他古怪的外表遮蔽了。或许战争开始前他就疯了。我从未听任何人这么说过，如果栗屋宪太郎对日本民众逃避责任的研究结论正确，就可以知道这是为什么。如果大川周明真的是战前就疯了，这就说明采纳他观点的这个国家也疯了。

第七章

战地精神病医生的成长

请记住，我们的工作是帮助和治疗病人，意味着我们必须克制把他赶走的冲动。

——丹尼尔·贾菲上尉，第九十七步兵师，1944 年 10 月 9 日

第一次世界大战给人们的第一条教训，就是很多人会崩溃。战争中，美国军队每四个肢体受伤的士兵一定伴随着一个精神受创伤的士兵，有的人把他叫作“第五人”。军方请托马斯·萨蒙为驻海外的美国士兵开展一个精神健康项目的研究。托马斯·萨蒙就是几年前为埃利斯岛移民做精神检查的那位医生。“患上精神病的士兵数量简直让人难以置信，”一九一七年六月，萨蒙先于美国军队到达欧洲时写道，“我还没看到正式报告，但神经官能症无疑是现代战争中最严峻的问题。”

“炮弹休克”是一个典型例子——这是第一次世界大战中的叫法，各种各样的刺激逐渐让士兵发狂。他们连续好几天经受炮火，夜晚躲在散兵坑里，没有水和食物，没时间睡觉。然后一发炮弹忽然在身边炸开，或许会把他摔在地上，或许会炸死他的朋友，他内心的某种东西破碎了。战争结束时，人们都觉察到战斗的激烈程度

和精神崩溃的比例之间存在关联。一九一八年初，一位军队精神病医生在六个星期的低强度战斗中发现十八个炮弹休克患者，在四天高强度进攻中发现五十二个，在两天突击行动中发现四十三个。

患上炮弹休克的士兵明显神志不清，有人无法控制地抽搐；有人因为恐惧而浑身僵硬；有人持续看见战场上的惨烈情景；有人失去记忆、情绪失控，不再会开车；有的人一听到关门声、盆子砸在地上或是椅子倒下的声音就会发抖。一九二一年，《大西洋月刊》上发表了一篇不愿公开姓名的患者的文章，他说，他希望能告诉众人，“一个受到炮弹休克困扰的士兵是多么的孤独——即便他周围全是深深地爱着他的人”。

人们发现精神受到创伤的士兵，如果在离前线很近的地方接受紧急治疗，还是有可能康复的。一开始，美国士兵被送往距离前线几百英里的陆军综合医院，如果情况严重，就乘医疗船回到美国，这样就拖延了治疗时间，病症在患者身上扎根，等他们回到家就成了永久创伤。相反，那些在离前线很近的地方就吃到热的食物，得到充分休息和鼓励的士兵往往很快就痊愈了。最有效的治疗要在病症刚爆发的几小时内，在“炮火声中”进行，萨蒙写道。

一九一八年一月，美国军方给每个师派了一个神经精神病医生，让他们在前线医治。早期战地精神病医生的治疗方法简单有效，他们在医院对面的前线设立治疗类选区域（译注：治疗类选法指的是根据紧迫性和救活的可能性等在战场上决定哪些人需要优先治疗的方法），让炮弹休克的士兵在战壕之外的地方休息，医生强调战斗的荣誉感，告诉士兵，他们的战友还在作战，拿出德国战俘的照片激发他们的爱国情感。如果怀疑有人装病，就派他们去做最粗重的工作，比如扫厕所。百分之六十五到百分之八十五的士兵能在接受治疗后几天重新上战场，说明医生的治疗方法非常成功。

“在离前线很近的医院里，大家仍以为是在肩并肩地作战，因此还保留着前线的气氛。”当时的一位军医写道，“在远离前线的地方，没有危险，可能大家开始崇拜英雄，病人不可避免地把自己视为一个个体，而不是战线上的一员。”

停战后，包括萨蒙在内的许多军队精神病医生表示，只有那些本身情绪不稳定的精神弱者才在战场上崩溃。这样的想法是基于一个事实，即并非所有在第一次世界大战中受到精神创伤的士兵都是一样的。一些士兵参加完战争后，精神丝毫没有受到损害；另一些肢体受伤（通常是脑震荡）后表现出神经性的病症，炮弹休克是很好的例子；另外一些虽然没有受伤，但在炮火中就崩溃了（还有一些上战场前就不行了）。与其称作“炮弹休克”，萨蒙更愿意把这些心理疾病的案例叫作“战争官能症”。

“战争官能症”的概念，暗示着只有那些本来已存在精神崩溃倾向的士兵才会真的崩溃，意味着任何潜藏于平静生活之下的精神问题会在军队生活的压力下爆发出来。“我们相信，这不是严酷的新环境造成的，而是极端的个人主义者无法适应环境导致的结果。”皮尔斯·贝利写道。第一次世界大战期间，他和萨蒙一起管理军队中的精神健康问题。军官认为他们找到了保持军队精神健康的最基本法则：禁止精神不稳定的人参军，士兵就不会在战场上受到精神创伤。

第一次大战结束后，军官没有从健康状况这个问题中汲取任何教训，一九三七年出版的一份军队医疗手册中只有六百八十五页的内容是关于精神健康。二十世纪三十年代末期，第二次世界大战迫在眉睫，军事参谋犯下一个致命错误：他们忽略了前线治疗，转而决定把所谓的精神弱者筛除掉。假如平民精神病医生能够在入伍体检时把神经官能症者排除掉，战争时就不需要战地精神病医生了。

所以，美国参加第二次世界大战时把第一次战争的教训统统忘记了。一九四〇年九月末，圣伊丽莎白医院主管温弗雷德·奥弗霍尔泽给罗斯福总统写了一份备忘录，陈述了在每个征兵站先进行筛选的好处，也更符合金钱和药物方面的预算。根据奥弗霍尔泽的估计，第一次世界大战时的精神创伤病人让美国花费了将近十亿美元。十一月，征兵办公室开始了严格的筛选。一九四一年，每个师的神经精神病医生这个职位从名册上取消了。士兵坐上船去参加第二次世界大战时，离前线最近的战地精神病医生在综合医院里。

珍珠港事件一发生，祖父就去应征入伍，海军以他的身高不足为由拒绝了他，他们说祖父的身高比要求的矮了半英寸，所以他决定去圣伊丽莎白医院完成最后一年的精神病医生培训。一九四二年底时，军队里只有一千二百名精神病医生。虽然，哪怕以平民的标准衡量，祖父的简历也太简单了一些，但别人还是推荐他去从事一份重要的工作，他被派往陆军医疗团，军衔是中尉。一九四二年十月二十四日，他从华盛顿出发去南卡罗来纳州的查尔斯顿，到斯塔克综合医院的神经精神科服役。

这份工作让祖父如愿以偿去服役了，但无助于平息他强烈的战斗愿望。他二十八岁，迫切地渴望迎接那个时代的召唤，在综合医院里治疗从战场上回来的士兵，比不上在前线抵抗敌人，他无法改变这种想法。“一个人在这洪流中不得不感到无助，感到被流放了，成了这么无足轻重的小人物，在美国的医院里治疗病人和伤员，”他后来写道，“即便我知道在战争中治疗伤员是多么重要，如同林肯在他的第二次就职演说中所说，但我仍旧感到自己被历史遗弃了。”

斯塔克的到来在他看来只是增加了沮丧，唯一让他施展才华的机会是一次新年派对之后，附近莫尔特里堡的指挥官半夜打电话到医院，说斯塔克心脏病突发。我的祖父匆忙赶过去，发现不过是消化不良罢了。他的祖国处于战争状态已快一年，他一定觉得自己没用，所以，当调离的命令下达时，他应该很高兴。

一九四三年一月十四日，他到宾夕法尼亚州菲尼克斯维尔的福吉谷综合医院报到。一七七七年至一七七八年冬季，乔治·华盛顿把福吉谷作为总部，让疲乏的革命军缓冲和休息。到一九四三年初，美国政府斥资一百万美元在那里建造了一个医疗基地，占地面积一百八十英亩，有一百座砖房、两千张病床、八间手术室（包括一组可移动的X光设备）、一间生化实验室。祖父母在离火车站很近的伯克曼区租了间公寓，暂时安顿下来，虽然他很快就又被调离了。

第一批病人是刚刚从可怕的北非战场上回来的士兵，他们于三月十二日到医院，几周后又来了一批，这些人的情况很严重。病人用拳头捶打墙壁，打坏窗上的锁。几个人从病房里逃出去，根据当时的场景来看，他们是用脑袋把病房门撞开的。大家都开玩笑：工程师和病人之间正在进行着“真正的战斗”，前者的任务是维护好新建的医院，而后者想把它拆掉。

“我们是十二小时值班，”祖父后来说，“而病人二十四小时都开工。”

一九四三年一整年，祖父和其他医生总共接收了九百八十位病人，他们为伤员做诊断，有时监管初步的心理治疗，但主要任务是让他们尽快回到战场上去。每位病人都只有三种出路：身体状况不适合而退伍；转到特别的精神病院接受更多治疗；重回战场。第三种情况最罕见，医院的记录表明九百八十名病人中只有五十二名出院后能继续打仗。

我的祖父只能回忆起一位在福吉谷时治疗过的病人：一位在作战后表现出抑郁症症状的中尉，他反应迟钝，感到自己没有价值，有自残的冲动。他出院后，有时会去我的祖父家里听古典音乐，再也没有回到战场上去。

精神科的病人几乎没有迅速痊愈的。在一九四五年的一期《神经与精神疾病月刊》中，曾与祖父在福吉谷共事的达拉斯·普拉特出版了一份一百四十二位退役士兵的后续报告，其中三分之二的人出院后五个月还会害怕响声，梦见战场上的场面，大约一半的人还会发抖。普拉特希望能纠正当时军官中一种普遍的想法，即精神创伤的伤员是在装病，出院后能够“奇迹般”地恢复。“负罪感，被抛弃在战场上和与战友分离的感觉一直存在。”他写道。第一次世界大战中的经验告诉人们，在离前线很近的地方迅速治疗后就能解决的问题，到综合医院后就变得难以解决了。

几个星期变成了几个月，我的祖父相信他在整个战争期间都得留在福吉谷了。祖父母搬进了金伯顿附近一座带花园的石头房子，从华盛顿买来了家具，他们决定常住了。病人的情况很严重，但业余生活却不一样。军官在乡村俱乐部打高尔夫球，医院管理层为温莎公爵和夫人举办下午茶会，一位在泌尿科工作的医学院老同学每天晚上都来玩大富翁，我的祖母后来说："他们真的是像照片中拍的那样，过得轻轻松松、简简单单。"

不管怎样，祖父远离战场并不那么荣耀，但是，十一月初，历史再度召唤他了。

现在看来，第二次世界大战一开始时的精神病项目是一个灾难，项目规定每个新兵要通过四到五项精神检查，他们从征兵站出来进入训练营，至少要过十五分钟。实际的检查过程远远没那么彻底，新兵都是在体检过后草草地接受精神检查，很多时候精神病医生根本不检查，数量太多，没人顾得上质量了。体检人员一天要检查上百人，一份报告中写到一个人在二百分钟内检查了一百三十五人，大部分人只问一两个问题就做出决定了，"你喜欢女孩吗"是最常见的问题之一，"你尿床吗"是另一个。

这一仓促的检查缺乏一致性，每个精神病医生都有自己的标准。比如：在城市里上学的医生一看见南部乡下来的青年就说他们精神分裂；一些认为只要在精神病医生那里做过几次治疗或者有亲戚在精神病院里的人就是不合格；一些深深地相信装病逃避兵役，本身就是精神障碍的表现；一些对精神病人犹犹豫豫，一方面精神病人很难定义，另一方面，他们可能很会打仗。许多专业人士都怀疑他们不能通过管中窥豹的方式来甄别哪些才是精神病患者，第一次世界大战时负责筛选的麦克菲·坎贝尔医生写道："如果说实话，我们得承认不过是在猜测而已。"

最终，检查人员的决定不过是说明了他们所做的一切是一团糟。一九四二年十月，埃莉诺·罗斯福在她的报纸专栏《我的日子》中写道，她怀疑应征者没有得到"细致的精神检查"。许多早期的检查人员确实充当了筛子，一九四三年的一份备忘录中写道，有一大群精神存在严重缺陷的士兵被送往海外，最不幸的一个例子是一个士兵觉得载着他去欧洲的船实际上是要去布鲁克林。战争部给征兵站的医疗官员下达命令，让他们谨慎一些，不要把精神有缺陷的人送往海外，免得影响军队的士气。

一九四三年七月，军官们下发了一项新规定，只能从事部分工作的人也要除名。无论这项规定的本意是多么善良，实际运作起来就变成了：那些曾经从事重要的非战斗任务的军人，一律不准参军。许多精神病医生又把标准制定得太严格了，尽管塔尔萨大学棒球队一九四三年时跻身全美大学棒球赛，但二十四位队员不符合入伍条件。

这样的结果几乎摧毁了美国年轻人的信心，八月初，有报告说，有百分之十的应征者因为精神问题被拒绝了，战争部长亨利·斯蒂姆逊命令立即调查征兵筛选过程。由圣伊丽莎白医院温弗雷德·奥弗霍尔泽带领的八位精神病医生组成了调查组，他们不仅认为这些人被拒绝的理由很正当，而且说理应拒绝更多，他们写道："我们相信标准不仅没有太高，目前被拒绝的应征者比例还太低了。"

讽刺的是，军队担心招募到精神不稳定的人，但这些人在战场上的表现却特别英勇。一位随军精神病医生把一百三十八位有过早期精神病症状的新兵分为一类，认为他们可能会崩溃，但其中只有三人受到精神创伤，九人被授予紫心勋章，八人被授予铜质星章。这样的数量表明，“精神病人未必会在战斗中崩溃”。一位作者写道。这完全与征兵筛选的倡导者背道而驰，他们认为这些人不可能坚持下来。

尽管筛选严格，但病房里还是挤满了精神创伤的人。到一九四三年中，神经精神病患者达到许多战役总伤员人数的百分之十五至百分之二十五。一份医院的年度报告中写道，在海外战役中，每一千个伤员中就有六十人患上神经精神病，而第一次世界大战中是每一千人中有十七人，两者的差异令人惊诧。第一次世界大战时的筛选只会排除百分之二的应征者，这意味着即便第二次世界大战前的筛选比第一次世界大战严格四倍，神经精神病患者的数量却翻了四倍。

一九四三年八月，十一万五千人因神经精神病退伍，是所有退伍人员类别中人数最多的。这样的比例前所未有，但从所需的兵力来考虑，也是不可接受的。

到秋天时，美国的整套精神病方案都受到质疑，筛选项目的原则，是每个在战场上崩溃的人入伍前就被判断为精神较弱，但战场上发来的报告十分不同。在西西里岛一场惨烈的战役中，一个全是老兵的师里患上精神病的比新兵师还多，这不是说老兵不够坚强，而是说战争能够摧毁任何坚强的大脑。

“简而言之，很明显，在特定的环境下，任何人都可能患上精神病。”马尔科姆·法瑞尔和约翰·阿佩尔（他们是军医署长办公室的精神病医生）在一九四三年的一份评论中写道，“如果筛选的目的是除去可能患上精神病的人，那就要除去所有人了。”

一个综合性的军队精神病项目不仅要把不正常的人排除，还要负责治疗军队里的正常人，一九四三年九月至十一月发布的一系列指示中着重强调要进行这种转变，军医署长给每个医务官发了一封信，简单扼要地说明了这一新立场，精神创伤将被视为紧急情况，因此要紧急处理。这类创伤应被称为“疲惫”，而非“战争官能症”或“炮弹休克”，以此抹去它的污名，强调它的普遍性，反映出快速痊愈的可能性。如果可能，造成崩溃的心理和生理因素应该尽早检测出来，防止恶化。总体上来说，政策的重点不再是裁减人员，而是保护现有的军人。

执行以上计划意味着精神病医生要到离前线更近的地方去，但高层军官几次忽略了在每个师重置精神病医生的要求。早在一九四二年四月，这个要求就遭到拒绝，理由是精神病医生无法在“目前流动性极大的作战行动中”完成工作。第二年三月，又有人提出同样的要求，又遭到一位军官拒绝，理由是“精神病医生跟着作战单位，无法做出任何有价值的事”。直到军医署长诺曼·柯克亲自和陆军总参谋乔治·马歇尔通了气——后者极其怀疑精神创伤的真实性，每个师才又为精神病医生安排了职位。

正式宣布这个决定之前不久，军医署长办公室的一群军队精神健康顾问开会讨论这个新职位的细节，他们准备了一张候选人名单，与会者讨论是该把所有最优秀的精神病医生都派去作战区域，还是留几个在综合医院治疗病情更严重的病人。前线的一个好医生能让许多士兵不必回后方的想法占主导。“不能随便派一个人，必须仔细挑选。最优秀的人必须被派驻海外，因为那里最需要他们。”这是会议中的一部分内容。

一九四三年十一月九日，军队的名册更新了，每个师都有一个精神病医生。一个星期后，祖父离开福吉谷综合医院去路易斯安那州的波尔克军营第九十七步兵师报到。

他是在路易斯安那演习时到的，严肃的军事操练意味着和战场上的情况绝对一致，随着艾森豪威尔逐级晋升，战争也越来越严肃。参加操练的士兵和在战场上的士兵一样，他们睡在三角小帐篷里，排队领食物，把头盔当饭碗和脸盆，食物的量严格配给。那一年，路易斯安那州冰雹严重，把树木和电线杆都连根拔起，似乎是为了让操练更逼真。这虽然不是直接走进欧洲的散兵坑或太平洋上的小岛，但一开始肯定让人产生这种感觉。

操练进行了一个月后，陆军命令六十位新来的神经精神病医生去华盛顿沃尔特·里德医学中心参加为期三天的观摩，我的祖父可以休息一下了。军医署长办公室为这些医生安排了类似新兵训练的活动，十几个高级军官发了言。军医署长诺曼·柯克说了简短的鼓励的话，国防部总监察长办公室的霍华德·斯奈德上将强调新的政策是保存现有的军队人力。每个人都收到一份托马斯·萨蒙写的书中的摘录，是关于第一次世界大战中每个师的精神病医生。

整个活动由威廉·门宁格中校主持，他是军医署长办公室精神科的新主任，他的哥哥卡尔·门宁格是著名的堪萨斯州托皮卡门宁格诊所的创始人。这位小门宁格能让大家都感到轻松，他弹钢琴，讲荤段子，话语具有“说服力、煽动性和一股魔力”，这是一位同事后来说的。他热衷于集邮，曾让一位驻欧洲的精神病医生带点珍稀的纳粹邮票回来。约翰·阿佩尔中尉第一次到他面前报到时，郑重地说出自己的姓名和官衔，门宁格答道：“算了吧，叫我比尔。”

在华盛顿的三天里，新来的精神病医生经常见到门宁格，许多人或许对他颇感敬畏，因为他们都听说过门宁格诊所，一些人，比如我的祖父，年轻时看过卡尔·门宁格的《人的心智》。十二月十三日，威廉·门宁格的开幕致辞变成了给听众加油鼓劲，他们作为精神病学在战斗中“唯一的代表”所肩负的责任，门宁格鼓舞人心的能力在发言的一开始就表露无遗。

“你们非常优秀，所以被遴选来承担这沉重的责任。”他说，“无论你们做什么，怎么做，我希望都能成为精神病学界为美国军队所做的重大贡献，因而名垂史册。”

在长长的发言中，门宁格详细描述了战争部第二百九十号通告上所列的精神病医生的十项职责，总体上，他们将就与精神健康相关的所有问题向长官提出建议，担任军事法庭顾问，与外科医生合作；他们还要在训练过程中继续进行筛选工作。门宁格把他们形容成是先锋、传教士、教育家和推销员。

当然，精神病医生最重要的任务是防止士兵精神崩溃以及治疗崩溃的士兵。“我们必须救人。”门宁格说。就这一点，精神病医生要帮助士兵适应军旅生活。他们将重新分配那些更适合在其他单位工作或执行非战斗任务的人，而不是让他们退伍。他们将从统计数据中获得整个师精神状况的情况，照料所有在战斗中受到精神创伤的人。他们还要想办法提高士兵的士气——他们认为这是精神健康的一项重要指标，经常性地考量军队的“精神坚韧度”。

为了达到以上目的，精神病医生必须首先彻底了解一个士兵的一生，和他们一起搭车或夜宿，一起接受渗透敌方的训练。门宁格鼓励道。他觉得精神病医生必须得到士兵的敬重，“要了解你的工作，必须和这些人共同生活，做他们所做的，体会他们内心的挣扎。”他说，这里的每个人都应该是士兵、军官、医生和精神病专家，“这才是正确的顺序。”他的最后一句话恰好呼应了开头的那几句话。

“我们可以肯定，假如你们和我们想象中一样明智审慎，你们就会成为每个师中最重要的组成部分之一，”门宁格说，“我们将把你们视为我们在前线的代表，充满信心地期待着你们为美国精神病学写下灿烂的一章。”

你不会想到，但我能找到唯一在世的陆军师精神病医生住在曼哈顿，离我住的地方只有两站，他在一封信中告诉我，他记得我的祖父，他是伯特伦·沙夫纳，住在五十九街，公寓正对着中央公园的南部区域。一天，我怀着兴奋的心情去拜访他，因为我可能会从他口中得知一些关于我的祖父的战争故事，至少我觉得我能知道一些他冷峻的回忆录中不曾写过的事。

沙夫纳医生的管家让我坐在会客室的一个角落里，从窗口望出去，能看见中央公园。他本人也很快从公寓的另一头走出来，拄着拐杖，慢慢地走到我的面前。他快一百岁了，比祖父大两岁。他在我的面前坐下，用毯子盖住膝盖，把输液管藏在毯子下面，窗边的桌子和椅子上放满了东西。他的眼神敏锐，戴着眼镜，长着一对大耳朵，笑起来时嘴唇自然地往上翘。那是上午十点半。

“您在信里说您记得我的祖父，”我说，“这让我很惊讶。”

“我想是的，”他慢条斯理地回答，“在我印象中，他的职业生涯很辉煌，鼻子很尖，非常英俊，但不太合群。我尝试过和他谈话，但他不回答。”

“这是什么时候的事？”我问。

“我想我们是在一次精神病医生的聚会上相遇的，”他说，“他们当时正在等待分配。”

我问他是不是指一九四三年十二月在华盛顿召开的会议。

“可能吧，”他说，“他退出了，不想参加社交活动。”

那天我们谈了约一个小时。沙夫纳是在纽约表维医院担任精神科驻院医生的第三年接到征兵命令，但到一九四一年四月完成医科训练后才正式入伍。那时珍珠港事件还没爆发，但快打仗了，全国都在征兵，他的任务是到曼哈顿最南端的加弗纳斯岛上为军方评估应征者，约一年后，他被调到纽约州北部的一个征兵站，工作还是一样的。他告诉我，与每个应征者所做的访谈大约五分钟。

“军队让我们这么做，”沙夫纳说，“因为他们以为我们能辨别出可能会精神崩溃的人，想让我们把那些忍受不了战争的排除掉。”

后来沙夫纳去欧洲服役，在纽伦堡第一一六综合医院担任精神科主任，他在纽伦堡审判期间从事的工作和我的祖父在东京审判期间的工作性质一样。沙夫纳被盟军指派去评估古斯塔夫 · 克鲁伯（他是纳粹的军火制造商）是否能出庭，然后看守党卫军军官恩斯特 · 卡尔滕布伦纳所住的医院。克鲁伯的案子是大川周明案的先驱，但我是后来才知道的。

“我的任务一个是判断克鲁伯是否能出庭，他不能；另一个是让卡尔滕布伦纳活着接受审判，他确实受审了。”沙夫纳说。卡尔滕布伦纳脑部出血，沙夫纳得到的指令是在他康复期间为他降低血压，还得把许多想害死他的盟军士兵赶走。

“我们常开玩笑，我们让美国士兵无法杀掉他。”

谈话快结束时，我能觉察出沙夫纳医生有些神志不清了。这很好理解，因为那些事发生到现在已经过了很久。当我问他是否还记得战争中治疗过的某些病人时，他想了想，回答说：“不记得。”又忽然微笑着说，“我没想到能见到你。”现在想来，我非常庆幸能及时找到他。我后来又去拜访过他一次，而他几个月前就去世了。我离开前就知道，沙夫纳不能带领我走进祖父的过去，但我开始怀疑，这样的一个领路人是否只存在于我的想象之中。祖父不仅仅是把过去的经历隐藏起来了，而且是隐藏于当下，隐藏于现在。他的大脑于我而言变得非常奇特，我不再感到沮丧，而是无比着迷于他抵御敌人的方式，而那个敌人似乎是根本不存在的。

“我只记得他很冷淡，”沙夫纳医生说，“我们都不知道是为什么。”

华盛顿会议把三十年的军事知识浓缩在二十四小时的讲课中，许多场讲座围绕着预防精神医学展开，也就是要强化士兵的头脑，让他们能应对即将到来的困难。一九四三年十二月十三日，约翰·阿佩尔介绍了一种他自三月以来就在研究的预防措施，措施有两项关键手段。第一是教育，即消除大多数士兵对精神问题的预设：“一个人要么绝对正常，要么就是疯了，”这是军队里最典型的心态，他写道，“没有人想过还有中间状态。”

一系列关于精神健康的讲座计划以此为主题，其中六场讲给军官听，三场讲给士兵听，精神病医生的任务是在全国的训练营中传递这些信息。那天下午，伯纳德·克鲁凡上校强调，这些课程对于部队的指挥官尤其重要，因为他们将和士兵并肩作战。如果顶头上司能够密切留意士兵的性情变化、情感爆发和预示着精神创伤的焦虑，那么精神创伤率就会减低。

预防的第二个关键要素是动力。十二月十四日下午，弗雷德里克·A. 奥斯本上将就这一主题发表了详细的讲话。一九四三年时，美国士兵中很少有士气高昂的。所谓士气，按一位军官的定义是“对战斗的渴望比对求生的渴望更强烈”，但在前年进行的民意调查中，三个士兵中就有一个觉得他们在第二次世界大战中执行的任务毫无价值。导致士气低落的一个原因是美国军队对他们的敌人一无所知，当步兵被问及 Luftwaffe 是什么意思时，百分之五十八的人不知道它是指德国空军，许多人以为它是国歌。

精神病医生觉得士兵对打仗毫无兴趣，尤其使他们无法免疫于战争中的压力。为解决这个问题，阿佩尔负责监督拍摄了五部《我们为什么战斗？》系列电影，导演是弗兰克·卡普拉——哈佛大学的社会学家、耶鲁大学的心理学家，还有一位叫作西奥多·盖泽尔（人称苏斯博士）的知名作家都来帮助他。训练时，每周挪出一小时用于提高士气，精神病医生给士兵播放这些电影，还可使用任何他认为能起到激励作用的东西。

华盛顿会议的另一大主题是治疗，有效的预防措施或许能把精神创伤的人数减到最低，但到一九四三年，已不再有人幻想能完全排除这类人了。一旦精神病医生和军队出发去战场，他们的主要任务就不再是预防，而是让士兵恢复。观摩期间，新来的医生上了一节急救课，急救的方法在当时属于可以接受的。他们每人领到一本“限制级”的《北非的战争官能症》，书有三百页，是九月份印刷的，作者是两位经历过突尼斯战役的精神病医生——罗伊·格林克和约翰·斯皮格尔，第二次世界大战初期，这是战地精神病学领域的《圣经》。

格林克和斯皮格尔创造的方法以精神分析为理论依据（格林克是弗洛伊德的学生），名字叫作“麻醉精神疗法”，医生给受到创伤的士兵注射镇静剂硫喷妥钠，让他们昏昏欲睡，然后释放出在战场上的经历，达到情感宣泄的目的。效果具有“戏剧性”，格林克和斯皮格尔在书中写道，病人自发地回忆起战场上的情景，如同身临其境：

他们和看不见的战友谈话，躲避听不见的爆炸声，炮弹接近时把头埋在枕头下，笔直地趴在床上，好像在散兵坑里那样。

在高度危险的情况下，士兵所表现出的惊恐叫人震惊，这些情况有不断爆炸的炮弹，目睹战友的死亡，空袭时没有地方掩护，病人的身体变得非常紧张僵硬，眼睛大睁着，瞳孔放大，身上全是汗，呼吸短促，双手抽搐着四处摸索，可能是在找武器，或想拉住一个战友。激烈的情绪常常让他们无法承受，在反应达到高潮时，他们会崩溃，最后才会躺在床上安静几分钟……

格林克和斯皮格尔说，他们让一千二百位病人中的百分之七十二重新回到军队中，但这些治疗是在离前线很远的地方进行的，所以能再回前线的士兵寥寥无几。新一代的精神病医生必须保持军队里的人力，所以要在离战斗区域很近的地方。为了让士兵了解非医院的治疗环境，军方请来两个刚从战场上回来不久的人。其中一个是马丁·别列津，他详细地说了瓜达尔卡纳尔岛战役（简称瓜岛战役）的情况，这是一座位于太平洋的丛林岛屿，战役始于一九四二年夏，终于一九四三年二月。

瓜岛战役中精神崩溃的比例反映出战役的惨烈程度：崎岖的山路，赤手空拳在山洞里搏斗，闷热多雨的天气，日本人永不停止的进攻，这导致五个被送回美国的士兵中就有两个精神崩溃。作为外科医生——这个职位在精神病医生恢复前就存在了，别列津发现许多士兵处于后来所称的“不同程度的‘震惊’状态”。他的上级想以逃避作战为由把这些人送上军事法庭，但他想到了一个方法为他们治疗，他说他们是爆炸后脑震荡，这在上级听起来好像是严重的身体受伤，可以接受。几个人重回战场了。总体上说，别列津的故事说明了在前线进行精神治疗将是多么困难。

十二月十五日，整个早晨都是第二位战地医生弗雷德里克·R.汉森的发言，人们说他聪明而有活力，有着一副低沉的嗓音。汉森很早就开始呼吁在军队里设立精神病医生这一职位了，最开始是一九四二年八月和军医署长通信的时候。通过一九四三年在北非的工作，他发现疲惫是精神创伤的根本原因，他相信只要能解除疲惫的状态，就能提高心理稳定性。

所以，汉森的方法很简单，让士兵休息并且鼓励他们，注射镇静剂，让他们长时间地睡觉，只在吃饭时叫醒他们，过一两天后告诉他们恐惧是普遍现象，催促他们赶快重新去打仗。第一次世界大战时的战地精神治疗大致也是如此，但同样有效，汉森在四天内把百分之六十的士兵送上了战场，一个月后，数量达到百分之八十九。汉森的经验成了战地精神病医生的行动纲领。

祖父离开华盛顿时不可能感受不到他肩负着何等艰巨的任务，他不仅要帮助士兵抵御战争的压力，他本人也需要抵御。当时第九十七步兵师还在操练，和作战单位分开的人像在真正打仗时一样，以“待命士兵”的身份出行。从华盛顿回路易斯安那的途中，祖父看见顺路的车就搭上去。夜晚下雨时，他躲在军用邮包之间，一是想睡觉，二是想把身体露在外面，好让来往的邮车看见。一千英里的路程总是断断续续的，走一会儿，等一会儿，好像会永远地等下去，然后再走一会儿，这给他的教训和他在华盛顿会议上学到的知识一样重要。

“过了几天，我回到军队里，”他后来说，“但我发誓永远不会以一个待命士兵的身份出现在战场上。”

六十位精神病医生无一例外地受到士兵的怀疑，也没有什么权威，特别是像祖父这样军衔较低的，他当时只是中尉。华盛顿会议结束后几个星期，门宁格上校就收到“让人不安的报告”，两位医生说他们的上级要他们大批遣返士兵，另一个说他的工作和军医的工作完全一样，还有一个说外科医生认为整个精神健康计划荒唐至极，一些精神病医生被认为“专挑疯子的人”，本身就该进疯人院，不属于“热血的”美国好士兵行列，一位还在训练营里的医生，其活动范围局限于食堂。

门宁格早就料到会是这样了，他在华盛顿时就警告过大家可能会遭遇的敌意。“我们能断定，士兵常常会以为你们是要‘除掉’那些你们将要挽救的人。”他说。许多军官仍认为精神创伤不过是软弱和逃避，把精神病医生的工作视为处理缺乏男子汉气概的士兵。

一九四四年一月末，门宁格写了一封信，提醒所有的精神病医生到底要做什么，“你们的工作是救人，不是赶他们走！”他写道。与此同时，他对中尉们建立威信的能力深表担忧，就请军医署长诺曼·柯克出马。柯克写了一封信，要求所有师的军医一有机会就让这些人晋升，“好让他们能更有效地工作”。

祖父刚进第九十七步兵师的时候，好像属于那类身边就有很多敌人的人，他很有可能是那个告诉门宁格自己在食堂里工作的人，第九十七步兵师的操练到一月末才结束。对于一个外向的人来说，他的工作性质也很难让他交到朋友，何况他不是一个外向的人。“过了很久，师里的其他军官才把我当作战友或兄弟来看待。”他后来写道。他于五月初晋升为上尉。

第二次世界大战中，每个师的精神病医生一开始所遇到的问题反映出大部分军官对于精神创伤的怀疑程度。一九四三年春天在法属摩洛哥作战时，据悉，一位军官拔出枪来指着三个被诊断患上精神分裂的士兵，认为“他们为了能逃跑，什么事都干得出来”。

大约是在那时，美国陆军总参谋斯塔夫·乔治·马歇尔下令调查装病现象，得知结果后，他写了一份新闻稿，其中他把受到心理创伤描述为一种“幻想的伤害，在病人的头脑中根深蒂固，造成精神上的痛苦和疾病”。门宁格上校逐字逐句地读了这份新闻稿，建议把“幻想的”替换成“心理上的”。

马歇尔的偏见并不特别。埃利奥特·库克是受参谋部委托去研究这个问题的人，他后来报告，大多数军官都不认为精神疾病是真正的医疗问题，他们认为所有的病人都在假装，而所有的精神病医生都在拖后腿。“你要么相信精神医学，要么不信。”库克写道。一九四三年十月，一位驻欧洲的精神科顾问说，当一位军医听说在前线就能很有效地治好精神创伤时，他的回应是愿意让这些人撤走，永远不再看到他们。即便有些军官承认精神创伤是一个事实，他们也会犹豫要不要把康复的士兵送回前线，因为他们害怕其他士兵会不再尊重这些人了。

这个话题一直没有进入公众的视线，直到一九四三年十一月末爆出了乔治·帕顿上将的“扇耳光”事件。那年夏天，“热血硬汉”帕顿和他认为是在装病的士兵发生争吵，八月三日，去西西里第十五野战医院巡视时，他扇了二等兵查尔斯·库尔一记耳光，这个人因患上“中度焦虑症”在接受治疗，两天后，帕顿命令第七军所有军官把这类人送上军事法庭，而不是送进医院。

“我意识到，一小群士兵以精神紧张为由不去打仗，”帕顿写道，“这类人是懦夫，让军队失去威信，也在那些奋不顾身战斗的士兵脸上抹黑，他们只是躲在医院里逃避战争。”

一个星期后，去第九十三野战医院巡视时，帕顿又对二等兵保

罗 · 班内特采取同样的手段，他是农场上来的小伙子，珍珠港事件前就入伍了，绝对不是懦夫，他的精神状态开始衰弱，是因为看了他妻子寄来的他们的新生婴儿的照片，当看见他的朋友在他眼前受伤时，他崩溃了。即便军官让班内特去医院，他还是渴望能尽快重回战场。当他对帕顿说他无法忍受炮轰的声音时，帕顿说他是个“面色蜡黄的混账”，在全体医生、护士和病人面前扇了他一记耳光，命令他要么重回前线，要么就去死，然后帕顿掏出自己的手枪，威胁要亲自动手。

公众对于帕顿的行为是毁誉参半，一些人认为若想在战争中取胜，就要有这样的莽撞。《时代》周刊收到一封信，说这类骚动让美国显得“软弱”。据称，库尔的父亲写信给国会议员，称支持上将的举动。其他人可不这么宽容了，北卡罗来纳州的一位参议员说帕顿的举动简直“不可原谅”，艾奥瓦州的一份军团报发文质疑这场反法西斯战争的意义何在，“假如我们要虐待士兵，不如让希特勒来，他做得更彻底”。一位军队人士建议，应该接受精神检查的是帕顿本人。从帕顿写给艾森豪威尔的致歉信中可以看出，基于他本人的经历，他认为只有严酷的爱才能治好“精神紧张”，信的结尾语气极其高傲，帕顿说他扇打崩溃的士兵，是拯救了“一颗不朽的灵魂”。

第九十七步兵师和美国陆军的任何一个师接受的训练一样多，完成在路易斯安那州的训练后，他们去密苏里州靠近罗拉的伦纳德伍德堡回顾操练中的弱项。七月份时，整个师到加利福尼亚州南部海岸线上的军营训练，第一站是到圣路易斯－奥比斯保雾气弥漫的莫罗贝和皮斯摩海滩进行水陆两栖训练；第二站是到圣地亚哥北部的卡兰军营训练海滩进攻，去圣克利门蒂岛训练在海军和海军陆战队掩护下登陆；第三站是去隆波克附近的库克军营，这里位于圣巴巴拉北部一点，两座城市基本是一样的。谁都不知道陆军到底想让他们干什么，但是经过训练，他们已经知道肯定要去太平洋战场了。

“我们料到我们肯定要去侵略日本附近的某座岛屿，”祖父事后写道，“日本人一定会激烈抵抗。”

军队操练时，祖父受命于总参谋部，协调整个师的精神健康项目，在加利福尼亚州灿烂的阳光下，其他军官渐渐接受了精神病医生这个角色。他和米尔顿·哈尔西上将以及肯尼思·萨默斯互相尊敬——如果他们尚且还算不上朋友的话，前者是最高指挥官，后者是他的顶头上司；他和军法署署长拉尔夫·亚伯勒成了好朋友，亚伯勒后来成了得克萨斯州的参议员；小气的帕特·弗雷泽是军医，也是祖父的桥牌牌友（我的祖父桥牌打得很不好）；他的另一位朋友是长着尖尖的小胡子的比尔·希尔，他是牙医。祖母开着那辆叫作贝茨的汽车，跟着祖父去了一个又一个营地，在附近住下。

他们和艾伯特·瓦克斯曼准尉、哈尔西的副官沃尔特·达菲尔德以及他们的妻子形成了小社交圈。瓦克斯曼也是从布鲁克林来的犹太青年，人们总是叫他瓦克斯，久而久之，他忘记了自己的真名其实是阿尔弗雷德，不得不改名叫艾伯特了。他的妻子叫西尔维娅，人称瓦克斯太太。人们把达菲尔德叫达菲，他个子很高，性格开朗，幽默感很强，喜欢喝苏格兰威士忌。达菲和妻子朵蒂很宠爱他们那条名叫乔基的史宾格犬，如果你让乔基拿一样什么东西，它就会把东西拿到西尔维娅的脚下。

有些夜晚和周末，瓦克斯会进行违纪活动，军官从前门进来，受欢迎的士兵从后门进来，他们永远会打扑克牌，定期举办触身式橄榄球比赛，晚上是军官联欢。每个人都带了酒来调制马提尼和曼哈顿。他们一有机会就痛饮当地的酒，在密苏里时是格里斯迪克啤酒，我怀疑祖母是不允许祖父喝酒的。

一九四四年八月，祖父获准休假去了旧金山，他跳上贝淡车直接去了海边，伊莱·贾菲当时驻扎在那里。他们利用这短暂的团聚时间去参观了渔人码头、普雷西迪奥和金门大桥，他们沿着海岸线来来回回地开车，祖父像往常一样没多说什么。“他们都很热心，尽管我那位弟弟似乎是太过谦虚了。”几天后，伊莱在给妻子的信中这么写道。老实说，祖父可能想得很多，祖母在那段时间发现她怀孕了。

一九四五年一月七日，祖父从隆波克出发去第九十七步兵师营地，他把浅色的领带塞进深色的军装里，军帽微微戴歪了。他的衣领和帽子上有两道银杠，说明他是上尉，他左肩上佩戴着第九十七步兵师的标志——天蓝色的盾牌衬着海神波塞冬的三叉戟。他到达库克营6016号楼，那里住着其他的军医和通信兵。他在桌上的打字机前坐下，翻开一九四三年十二月至今的案例和备忘录，是时候给门宁格上校发一份关于军队士气的报告了。

祖父那天编辑的数据表明，整个一九四四年秋天，他总共检查了八百二十五个士兵，他们都有不同程度的心理问题，一些人在常规的筛选过程中就被他注意到了，其他人是指挥官告诉他的，说他们适应不良。对于病情较轻的人，他只是重新分配他们去做更合适的工作，或者帮他们做一些心理治疗后让他们继续服役；七个人中就有一个患上精神病或神经功能失调，程度之深足以称为残疾而退伍；三分之一的士兵患有轻度神经官能症或根本没病——照军医署的说法，这些病都是“可以预防的”。

整个一年，祖父设计了一个完善的预防精神病学项目，首要任务是让师里的医务官了解问题的性质和急迫性。“精神创伤是战争中的一个主要医疗问题。”他在一份传单中写道，这是他在华盛顿会议上学到的，传单上列出了处理这一问题的几个关键手段：把明显不适合作战的士兵除名，帮助那些病情较轻或适应不良的人，以提高军队的整体士气。

“只要采取这些方法，我们就能保存大量的人力，提高作战效率，排除训练中的损失，减低潜在精神创伤者的数量。”他对他的同事说道。然后他内心中的门宁格开始说话了，他对医务官说，鼓励、同情和耐性往往是最有效的对付焦虑症的办法，这听上去恰恰与帕顿学派的严酷之爱理论背道而驰。

一种精神病症状对于一个疲软、摇摆不定的结构而言是一种协助。在还没有找到其他的协助方法之前，请不要盲目地去除它……如果我们不能采取富有建设性的方法来面对他的问题，或至少给他“留点面子”，我们可以肯定他的症状只会恶化。请记住，我们工作的核心是帮助和治疗病人，这意味着我们必须克制想把他赶走的冲动。

医务人员要治疗疾病，首先得了解它，然而如果真正想防止精神崩溃，和士兵朝夕相处的军官也要具备同样的意识。为了让他们了解，祖父依据战争部于一九四四年二月发布的第十二号技术通报安排了一系列讲座，讲座给每个作战单位的指挥官提供了保持精神健康的种种方法，更重要的是，简单易懂的忠告。几次讲座强调的是鼓励的重要性——“拿破仑认为士气比武器重要三倍”；几次介绍了会影响到适应性的外部环境压力——“军官应把自己视为父亲”；几次纠正关于精神崩溃的误解——“大部分精神崩溃的都是‘正常’人”。

不管怎样，六次讲座“具有启示性且鼓舞人心”，祖父对门宁格说。他甚至把整份技术通告油印了很多份，供军官在空闲时复习。

他在士兵中间运用同样的方法时，“就似乎有些困难了”，他向门宁格承认。准备讲座时，他看了一九四四年二月发表在《战地医疗》上的一篇文章，他借来一部投影仪，把文章中的一些卡通画打在屏幕上，其中一幅说明“郁闷”时在一个人头上画了一朵云块，而大脑就是“思考区”。

“我尽量把讲座设计得很简单。”他对门宁格说。

那篇文章中的第一节讲的是想家，如何用幽默或坚强而非郁闷来克服这种情绪；第二节讲的是组织化，提出偶尔抱怨一下军队纪律比闷头生气要好得多；第三节讲的是恐惧，英雄“不过是和我们一样的寻常人，他们和我们一样会害怕”，但他们受过良好的训练，能够克服。

祖父介绍了一下文章中附带的数据，然后在下面签了名，盖上“机密”章，寄了出去。

军营里的传言非常准确，美国陆军确实想让第九十七步兵师去太平洋，正当整个师整装待发时，陆军却在最后一刻撤销了命令。盟军在德军发动的突出部之役中受到猛烈进攻，第九十七师已经派了大约三千士兵去支援，占全师人数的四分之一，现在陆军下令整个师前往欧洲，加固前线。

随着出发的日子一天天临近，一种说法在军营里传开了："如果你不愿愁云惨雾，一会儿去找贾菲。"祖父的回应是："如果我能克服，你也能。"他们确实克服了。一九四五年一月三十日，部队从加利福尼亚州出发去新泽西的基尔默营。军队出发前的那段时间，他几个月来的预防精神病讲座似乎起效了，只有三个人在作战前崩溃，没有一个人落下。

他是如何应对他自己的分离焦虑症的，数据上没有表现，他和妻子告别，也许最后一次揉了揉她凸起的腹部，船起航前，他跛着走上跳板，他在一次触身橄榄球赛中伤到了膝盖，战争还没开始，他就快崩溃了。

一九四五年二月十八日，军队搭上渡轮渡过哈得孙河到达纽约港，登上美国海军的"蒙蒂塞洛号"，第九十七乐队在演奏，红十字会在分发咖啡和面包圈。"蒙蒂塞洛号"本是意大利的一艘豪华游轮，但士兵并没有享受到什么优越的条件，每个士兵在船上打死一只老鼠就能得到五十美分的奖励，根据通讯上的写法，形式是发一张五十美分的船上商店购物券（标题：《海上某地》）。这艘船和舰队一起航行，由驱逐舰和猎潜艇保护，但是为了躲避德国 U 形潜艇的袭击，船不得不在大西洋上以"之"字形航行，驱逐舰沿途投下深水炸弹。

三月三日，第九十七步兵师在法国的勒阿弗尔港靠岸，从那里前往好彩营，那是港口周围七个以香烟名字命名的营地之一，其他的有Old Gold、骆驼、吉时和长红，这些营地位于卡尼巴维尔西北五英里处。祖父后来才受到了地雷、陷阱和战壕足的教训，他睡在帆布帐篷里，冰冷坚硬的地面触发了他肩上的老毛病。三月底时，他就痛得非常厉害了，同时还伴随着发烧，师里的军医萨默斯上校让他去迪耶普的战地医院。

他回想起操练时以“待命士兵”的身份从华盛顿到路易斯安那的可怕经历，觉得这比真正的战争可怕上百倍，所以他不想去。但最后他还是同意了，前提是在去中转战场的命令下达后，萨默斯要给他派一辆救护车。

萨默斯开着吉普车把他送到医院，交给一个年轻的医生，他曾在梅奥诊所工作过。我的祖父患上了滑囊炎——肩部三角肌囊积水，我的祖父事后说这是“纯粹式的中国式酷刑”。医生在祖父患病的部位注射了一针奴佛卡因，用力捶打他的黏液囊，感觉像是用烧红的烙铁在烫他。祖父从病床上跳下来，过了一会儿，他发现终于能把手臂举过头顶了。又过了一会儿，他听见门外传来救护车的声音，是来载他去战场的。

第八章

亚洲解放之战

大东亚战争的目的，是让亚洲摆脱外国和西方的侵略势力，在东亚建立新秩序，把他们从我们的土地上驱逐出去。

——大川周明，《大东亚新秩序的建立》，1943 年

一九四一年时，全日本共有六百六十万台收音机，数量位居世界第四，前三名分别是美国、德国和英国。大川周明博士十二月十四日所做的广播讲话，在每台收音机上都能听到，那是珍珠港事件爆发后的第一个星期天。早晨六点半，大东亚战争才打响了几天，全日本人民却都已经信心满满了，日本军队在太平洋上占据主导地位，一星期内就占领了瓜岛和泰国南部，在马来亚海岸线上击沉了两艘英国军舰，在菲律宾长驱直入。与此同时，日本官员在国内发动了一场声势浩大的媒体袭击，报纸上刊登出漫画，日本人的拳头打在山姆叔叔、丘吉尔和蒋介石的脸上。

没有几个公众人物能像那个哲学家爱国者那样感到欣喜若狂，是他催促日本以驱逐西方的名义开战，他现在成了家喻户晓的人物。连续六天，电波中全是大川周明逻辑性极强的论辩和军国主义演说。第一天清晨，他对 NHK 的听众说，这些广播的目的，是揭示“敌

人的本质”。节目的开头，他提醒听众注意自己一九二五年时所做的伟大预言——终有一天，日本和美国会在争夺世界霸权时斗得“你死我活”。大川再次宣告“光明的黎明”一定会战胜“黑暗的迷雾”，公众开始想象日本是太阳，在蔚蓝的天空中冉冉升起，红色的阳光像剑一样把美国的星星一颗一颗劈碎。

“亚洲的复兴将为世界新秩序和提升全人类的生活水平铺平道路，”他说，“但倘若不经历美日战争——或更确切地说，日本不获胜，世界历史将无法进入这个阶段。”

大川给这一系列广播取名为《美国的大东亚侵略史》，他在这趟历史旅程的每一个节点上都做了标记，标明美国人进入东亚的漫长过程。大川从一八五三年马休·佩里准将的来访开始讲起，第一次广播时，他回顾了佩里如何“嚣张地”强迫日本开放贸易口岸，白人所假设的原则是“这个世界是为他们牟利而创造的”，日本人只能在此假设下活动。第二次广播的主题是十九世纪末期，美国工业家把中国视为一块资源丰富的广大宝地，却不愿和日本分享。大川周明想追溯眼前这场冲突的历史根源。

接下来的三次广播中，大川周明列举了美国这些年来在东亚外交政策中表现出的虚伪，美国投资者受到门罗主义庇护，在南美投资时获得特权，但美国官员却因为日本希望在满洲获取“特殊利益”而发起“暴力抗议”；美国官员要求进入东亚，美国政客却禁止日本移民；美国政治家提倡和平和裁军，但美国代表团却坚持海军条约——首先是在一九二一年的华盛顿会议上，然后是一九三〇年的伦敦会议上，削弱日本的舰队数量。

“这些不过是少数证明美国人贪婪和自私的例子。”大川周明在第五次广播的最后这么说道。

大川周明一向是个能说会道的演说家，精心修饰言辞以传递更重要的信息。他责怪中国叛乱分子发动了一九三一年的满洲事变，然而事实上，他很清楚是关东军挑衅在先，他把事变扭曲成日本“维护东亚和平和秩序”的典范，而实际上，这是日本用武力进犯中国的行径。他说日本从未想过在满洲“动武”，而他本人策划并实施暴力事件。在最后一次广播中，大川周明责怪罗斯福总统，说他不该指责侵华战争是违反了国际和平，而应说是在东亚建立起合法的新秩序。

在这些广播中，大川周明非常精明，他的话极具说服力，使得他的反对者不可能熟视无睹。他没有用日本人的主张去表述美国人的侵略，他用了美国人自己说过的话。比如，他没有指责美国代表团在一九三〇年伦敦会议上的不正当行为，他引用了美国国务卿亨利·史汀生的话，史汀生在参议院委员会面前发言时说，日本将会勇敢地接受海军协约，“那会禁锢他们，直至被敌人超越”。整个节目中，大川都是这样用西方人的言论攻击西方人，效果就是反对者或者接受他的观点，或者推翻自己的观点。

到了一九四一年十二月十九日，大川周明已经详尽地论述了大东亚战争的目的不是扩张日本帝国，而是驱逐美国人，他以充满激情的语气来呈现那些严谨细致的论点。十三世纪时，他对听众说，一个名叫北条的日本军官打败了从北面来的蒙古人。“当敌人从北面来，北条能够战胜；当敌人从东面来，那么东条能够战胜。”结束前，大川说道，“这不是巧合，而是神的护佑。”

做完一开始的六次广播后，大川周明开始介绍英国的“侵略史”，之间隔了还不到一天。十二次广播做完了，战争刚刚打响，五十五岁的大川周明到达了他的人生顶峰，这些广播节目非常受人欢迎，紧接着，下个月就编辑成书出版（两年后英文版面市，书名为《英美东亚侵略史》）。大川周明不再是那个奇怪的追随日本神圣使命的人了，举国上下，所有的人都听到了他的声音，接受了他的话。

然而大川周明虽然在公众面前自信满满，私底下却焦躁不安。他给在酒田市的母亲写信，问她是否一切安好，还寄了几个月的生活费。他对大川学院的学生们坦白，他不觉得日本能在对英美开战的同时对抗中国，他写了一首名为《论战争》的诗，诗中的语气与广播中的热情截然相反。

“通往死亡的道路上，我们门前的冷杉好似标记里程的石块，”他在诗中写道，“毫无喜悦，毫无喜悦。”

大川周明已经忧心忡忡了许多年，自从一九三七年出狱时就开始了。回到家后不久，他去了一趟南京，那时日本军队正在侵略中国的各大城市。他去的时候正好碰上了臭名昭著的南京大屠杀，惨绝人寰的杀戮持续了好几个星期。日本士兵掳走中国女人，对她们施暴，残暴地杀害平民和孩子，一些人说死亡数量达到了六位数。

大川周明没有亲眼见到最悲惨的景象，但他无意中也经历了当时的混乱，两个日本军官误把他当作中国人，要拘捕他。当他告诉两人自己的身份时，他们一溜烟地逃跑了，他的自尊心受到强烈打击。

倘若他对于亚细亚主义的信念如他本人所说的那么坚定，他应该会感到震惊，因为多年来他让日本做好准备去领导亚洲，现在的结果却只是助长了日本人的种族优越感。无论怎样，他非常恐惧，因为他知道联合亚洲不过是一个遥不可及的梦想，说得长远一些，东方没有准备好抗击西方。到一九三九年早期，他开始质疑日本去执行神圣使命的那一天，真的已经到来了吗？

那之后，大川周明坚信日本首先得战胜中国，否则无法对抗美国。他出其不意地与美国的房地产大亨哈里·钱德勒合作，成立泛太平洋贸易和航运公司，希望借此缓解两国之间的紧张关系。他非常天真地相信，这家公司能让美国人无法再把金钱投入中国军队。他一筹莫展，到了一九四〇年七月，向老朋友东条英机求助——东条刚刚升任为战争部长，掌握了丰富的政治资本。大川在给东条的一封信中写道，这次美日贸易合作将会一下子终结中日战争。

“我相信这是解决眼下危机的唯一手段。”大川写道。

很明显，这个提议没有任何效果，因为大川周明写信后又亲自去找东条英机，他再次重申日本只有先终止对中国的战争，才能进一步在东亚扩张。东条英机说：“这不可能。”又以嘲讽的口气反问：“如果日本没有获胜就撤出中国，那么该如何告慰死去的士兵的灵魂？”大川周明非常沮丧，他和东条英机绝交了。这是好事。

大川周明开始那场由他本人鼓吹的亚洲解放之战。一九四一年春天，国际合作化作泡影。因为美国国务院怀疑公司不过是个骗局。那时，他也不再对东条英机抱有希望。此后他一直把东条叫作日本木屐，也就是说，东条最好被安排在政府部门的最底层。当别人邀请他做广播节目时，他依然以一个爱国者的面目出现，但他无法摆脱心中的疑虑。他出狱后就常常失眠，他躺在床上跟妻子抱怨，说自己头脑不清醒，然后又起床，好像那个亚洲旧梦已经永远消失了。

所以，大东亚战争一开始，大川周明就被他的国家和他自己的良心撕裂了。他听到日本取得一场又一场胜利，中国香港于一九四一年十二月陷落，新加坡是一九四二年二月中旬，到三月，麦克阿瑟元帅别无选择，只得从菲律宾退到澳大利亚，五月末，最后一批英国军队从缅甸撤出。日本帝国每个星期都在太平洋沿岸扩张，大川周明看见他的同胞在东京的火车和大街上齐心一致地欢呼，男人穿着卡其色的衣服，戴着鸭舌帽，看上去更像士兵。女人穿着阔腿长裤，每个人都唱着歌。一九四二年春天，当日本的旗帜在亚洲大片的土地上升起时，大川周明也感到高兴，但心中仍阴云密布。

他心中的爱国者快乐地欢庆胜利，七月连续三天，然后是九月，他在广播中讨论中国的战争所具有的全球性意义；他心中的哲学家却感到悲哀，因为当日本军队横行霸道，比如一九三七年之时，人们对亚细亚主义的信念破灭了。甘地和尼赫鲁谴责日本的扩张行为，大川周明给他们写了公开信，坚持亚洲统一的理念在根本上是正当的，日本真诚地希望能够解放全亚洲。

东条英机依然让大川周明感到非常痛苦。一九四二年十一月，东条在内阁中成立了一个新部门，叫作大东亚部，目的是监管所谓的大东亚共荣圈。大川觉得这个部门没有实质意义，具有危害性，他认为这和英国控制印度的手段是一样的，会触怒亚洲人民。“我不相信东条有能力理解大东亚是什么意思。”大川后来说。双方互不信任，东条英机派人跟踪他，从那时保存下来的照片中，可以看见两个警察在后面偷偷摸摸地走着。

那年夏天，日本军队的运气没那么好了，美国军队在中途岛战役中获胜，击沉了四艘日本军舰。到一九四三年二月，美国海军陆战队迫使日本军队从瓜岛和所罗门群岛撤出。日本政府又让达川周密出马，二月末时，他再次在广播里呼吁亚洲统一（他在战时做了三十多次广播节目）。同月，他在《日升》杂志上鼓励“大东亚共荣圈”中的所有国家都要奋起“反抗西方的奴役”，大家互相合作，承诺说，假如他们携起手，“一切都会变好的”。在一九四三年出版的《大东亚新秩序的建立》一书中，他为日本所有的战时政策辩解。

“大东亚战争的目的，是让亚洲摆脱外国和欧洲的侵略势力，”他写道，“在东亚建立新秩序，把他们从我们的土地上驱逐出去。”

他知道，许多亚洲人感到他们是在遭受日本的迫害，和解放无关，但他无法接受这一点，他也不是唯一无法接受的人，一开始，亚洲的许多国家独立运动领袖欢迎这场战争，认为是挣脱殖民枷锁的必经之路。一九四三年十一月，东条英机在东京召开了一场亚细亚主义者会议，与会人士都宣称要建立一个统一的亚洲，其中有来自日本、“满洲国”、缅甸、菲律宾、泰国、印度和亲日派的中国代表。“我的亚细亚主义血统总是能和其他亚细亚主义者相呼应。”缅甸代表团中的巴莫博士说。大川周明以嘉宾的身份出席了会议，他还是不愿意调和他的矛盾情绪。

随着战争愈演愈烈，日本在亚洲变得越来越像富有压迫性的欧洲老牌帝国主义国家。军队高层掠夺战争物资，对当地人民强制进行日本化改造，把他们变成臣民，强迫年轻女人变成日本士兵的慰安妇。泛亚洲思想在实际操作中变成了赤裸裸的剥削。巴莫博士事后说，日本人的国家主义力量让真正的文化理解变得不可能。“大多数日本军人都缺乏真正的亚洲视角。”他说。现实一次又一次击碎了他们对亚细亚主义的幻想，直到只有极少数像大川周明这样的顽固派还在相信。

整个战争期间，大川周明都相信，假如他早一点创办他那所亚细亚主义学院，局面就会大不相同。一九三八年学院成立时，是作为未来亚细亚主义外交官的培育基地，学院招收十七岁的学生，他们意志坚定、责任感强，体格也很强健。大川周明亲自监督遴选，那些能够通过他严格入学测试的申请人将能搬到东京的目黑，就在他的住所旁边，学习的两年内由学院支付生活费。战争爆发之前，每个班级共二十人，来自全国各地。

学院一开始就把东亚的复杂形势灌输给学生，入学伊始，他们就特别关注大川在亚洲文明中提到的国家，包括远东的印度、暹罗、法属印度支那、荷属东印度，以及中东的阿富汗、土耳其、阿拉伯、波斯。在日本政府和大川周明本人的协助下，每个学生毕业后都会去上述国家中的一个，有的去领事馆，有的去商业机构，有的去报社。大川希望他们能在那里工作十年，从内部去学习他们的文化。他要求他们偶尔发回报告，如果他们能以某种渠道援助那里的解放运动，那就更好了。

学生在学院里接受最好的外交训练，他们学习当地的一种语言，外加英语和法语，课程包括日本和欧洲历史、国际政治、东亚经济。学院里的纪律和军队里一样，他们每天清晨五点三十分起床，晚上十点睡觉，中间的所有作息都受到严格规定，早上七点五十分升旗，九点准时上课，下午一点开始上课，四点三十分准时洗澡。他们学习合气道，这是由柔术演变过来的一种武术，深得日本武术创始人——伟大的植芝盛平的精髓。

大川周明每天早晨和学生谈话，还给他们上殖民史和日本精神两门课，最受学生青睐的课程后来被编辑成书，叫作《亚洲的奠基者》。书中回顾了五位独立运动领袖——印度的甘地和尼赫鲁、阿拉伯的伊本·绍德、土耳其国父凯末尔、波斯国王巴列维，他们在“带领亚洲走上正确道路”的过程中经受了苦难和审判。一个人能够以一己之力承载整个国家的希望，反抗压迫，这对即将成为去外国执行日本神圣使命的年轻人来说是非常励志的。“学院里的学生都接受这种想法，”后来一个学生回忆说，“成为亚洲独立的铺路石。”

大东亚战争的爆发摧毁了大川学院的活力，本来考虑报考学院的年轻人去参军了，虽然记录不是精确无误，但根据他的助理所说，一九四一年后的入学率急剧下降，已经到亚洲其他国家工作的毕业生也被强制要求回国入伍。根据他们对某个地区及其势力的了解分配任务，二十人在战斗中丧生。

大川学院渐渐地被人看成一所间谍学校，毕竟，战争部愿意出资，是因为学院的使命与政府建立“新秩序”的计划紧密相关。学校宣传手册中强调与成为间谍有关的个人特质：家境平凡、外表不引人注目、能保守秘密。学院的创办人之一岩畔豪雄也办了著名的中野陆军间谍学校。陆军高级军官田中隆吉也来大川学校教学生如何从事破坏活动。学院没有隐瞒与间谍活动存在关系，或许是唯一质疑它是否和间谍活动存在关系的理由。

大川周明非常厌恶二者之间的关联，用激烈的言辞加以否认，他坚持说战争部和外交部都无权决定学校的课程（外交部的官员确实把毕业生视为潜在的情报搜集员，但不一定会加以利用）。大川认为他的学生应该完成两项任务：一方面，搜集信息，让日本能够成为东亚的领导者；另一方面，表达日本解放全亚洲的真诚愿望。当他告诉他的学生，假如他能早点儿把学校办起来，情况就会不同时，他们以为他的意思是亚洲国家之间的联系会更紧密，东方战胜西方的可能性就更大了。

但是到了一九四三年末，大川周明似乎是丧失希望了，他觉得这一天永远不会来临。有这种想法的并不是他一个人，大多数日本人都意识到战争的局面发生了逆转。四月中旬，联合舰队司令长官山本五十六被美国飞行员射杀。五月末，日本丧失了阿留申群岛。十一月，日本位于吉尔伯特群岛塔拉瓦的据点陷落。大川周明经常给学生写信，在黑暗的岁月中，他在信中对驻海外的学生说，让他们做好战败以及死亡的准备。

一九四四年秋天，大川周明回到位于酒田市的老家，他总是会去探望母亲，也很喜欢和他的几个侄子在一起，他的妻子偶尔会跟着来，一家人就坐在草坪上拍照。大川在家时，有时穿着深色和服；

有时穿着西装，打着领结。他常常会把军队中的朋友请来，和他们一起坐在窗边的桌子旁边，能看见对面的群山。酒田市的所有居民都认识他，他是一个神话，这一次，一个男性团体邀请他做一场演讲，他答应了。

一九四四年，盟军已经无可辩驳地控制了太平洋战场。二月，美国军队占领了马绍尔群岛，不久后在一次空袭中摧毁了日本海军在加罗林群岛上的基地。后来，日军在中国东部发起了最后一场大规模进攻，但为时已晚。那年夏天，美军攻占了马里亚纳群岛上的塞班岛，彻底击垮了日本海军。东京的官员都要求政府内部重新洗牌，七月中旬，东条英机辞去了首相职务，继任者是小矶国昭，正是那个一九三一年和大川周明合谋策划政变的人，政变中途放弃了。

或许是小矶国昭的任命让大川周明开始回顾过去，他于九月末或十月初去酒田市的 Kian 寺做演讲时，一定充满怀旧情绪。他决定说一些从未在公众面前说过的话，他过去经历过的事，每个人都知道这些事，但没有人讨论过。他可能不知道听众中坐着《每日新闻》的记者贺芳三郎，或许他知道了也不会在意。

大川周明那天的发言非常坦率，令人吃惊。他谈起了一九三二年五月十五日的起义，那次起义导致一位在野首相被杀，他对自己在满洲事变中扮演的角色感到悔恨，日本的帝国扩张行径便是滥觞于此。“我强烈感觉到我该为日本的误入歧途负责，满洲事变是首要的。”他对听众说。他说，他所设想的转型期的种种事件，究竟是正义还是邪恶，要由后代来评说。

大川周明还对东条英机表示失望。一九四〇年时，东条还是战争部长，他拒绝终止在中国的军事行动。“他取笑我，不肯接受我的建议。”大川说，他似乎是想用悔恨来获得众人的宽恕。

讲座结束后，《每日新闻》的记者贺芳三郎简直不敢相信自己所看到和听到的，这可不是酒田市民印象中的大川周明。尽管他看上去十分镇定，但内心似乎被悲惨的记忆粉碎了。后来回想起那天的情景时，记者怀疑他是不是没有注意到大川精神崩溃的最初迹象。

大川金子也是在这个时候发现她丈夫不对劲的。夫妻二人在位于东京西南的神奈川县爱川区买了新房，那里非常安静，位于山丘上，能俯瞰下面的河，望见远处的山，离主干道很远，走几步就能看到一座佛教寺庙。然而，大川周明在那里也无法获得平静，金子发现丈夫的脾气变得非常暴躁，前一分钟还心情愉快，后一分钟就暴跳如雷。他穿得邋里邋遢，这很不像他，因为他平时总是穿戴得整整齐齐。他把那些平常记得的事情都忘记了，在过去，每天夜里他无论受到什么东西的困扰，这些东西现在白天也困扰着他了。

大川周明触目所及全是日本的不幸。一九四四年秋末，他在酒田市做完讲座后不久，麦克阿瑟成功地反攻菲律宾，占领雷伊泰，这是美国的另一次决定性胜利。一九四五年三月初，盟军夺取了菲律宾首都马尼拉。同月，英军解放了缅甸城市曼德勒。同年春天，美军进攻硫黄岛和冲绳县，推进到了日本本岛的门口。五月，日军开始从中国撤退。

一九四五年三月，美军开始对东京狂轰滥炸，上百架 B-29 轰炸机同时从东京上空飞过，凝固汽油弹和磷弹像五彩的纸屑一样落下来。空袭每隔几天进行一次，完全不对军事目标和平民住宅进行区分。成千上万的日本人丧生了，幸存者在废墟之中挣扎着寻找食物、衣服和可以躲避的地方。接下来的几周里，上百万人逃离东京，去东京以外的地方寻找暂时的避难所。

一九四五年五月二十四日，上百颗炸弹把皇宫南部的地区夷为平地。大川周明听到飞机从头顶上飞过，他的第一反应是位于目黑的学校会不会遭到轰炸，他很快得知学校的主办公区，连同里面的档案，全部化成了灰烬。亚细亚主义再度崛起拯救日本的希望，像余烬的最后一道橘色光线一样消失了。

战争是从大川周明的一次广播开始的，是由另一次广播终结的。一九四五年八月十五日，电波中传来一个奇怪的声音，大川和所有的日本人一样，从未听见过昭和天皇说话。十天前，原子弹在广岛和长崎爆炸，每个人都知道末日就快来临，但只能伴随着天皇的护佑来临。天皇事先没有写好讲稿，他对日本人民说，他向盟军投降了。“确实，”他说，“我们向英国和美国宣战，是真诚地出于保护日本和稳定东亚的愿望，我们绝不想侵犯其他国家的主权或扩张自己的领土。”

大川周明不可能不注意到自己在战争开始时说过的话和敬爱的天皇此时此刻所说的话之间的联系，他听完后写了一则短短的日记，四十年为亚洲复兴而做的工作，“像肥皂泡一样破灭了”。

日式料理可以被称为“套餐”，标准的晚餐套餐包括味噌汤、一碗米，以及分别装在三个盘子里的天妇罗、烤鱼、寿司和一小碟泡菜，甜点是一块甜豆腐，即便是不太挑剔的食客，也很难全部吃完，而我是一个十分挑剔的食客。从翻译千明的语气和手势中，我可以感到她在向女服务员道歉，服务员对我剩下这么多食物感到生气，或者是困惑。我和千明一起吃过几次饭，她一点儿都不会剩下。

“我不知道你怎么还这么瘦。”一天晚上在酒田，我对千明说。我们在当地一家寿司店里，喝着和晚餐配套的米酒，喝米酒的礼节是一看到对方杯子里的酒少了就去加满，但是不能给自己加。

“这些都是很健康的食物。”她说。

千明那天晚上倒米酒的时候大大锻炼了一番。我们那时已经见了许多熟悉大川周明生平和工作的人了，但他的谜团只是越滚越大，他奇特的性格也开始让我很不安。一些人认为他真心相信亚细亚主义；一些人认为那是国家主义和反西方主义的幌子；一些人确实相信他是想避免战争的；一些人认为只有日本无法获胜时，他才想避免战争；一些人认为他真的疯了；一些人觉得他发疯的时间也太巧了。大川周明像一只变色龙一样和背景中的历史合为一体。我轻轻地敲了敲酒杯，千明又给我倒满了酒。

“无论你现在有些什么想法，大川都会一一为你证明的。”她说。

我们从酒田回到东京后不久，我就知道她说得多么正确了。几天后，我们去东京女子大学见舀杵良平，我们在一间会议室里见面，房间四周放着各种各样的书，有两本英文的，一本是亚力克斯·黑利的《根》，另一本名叫《割礼》。舀杵良平最近出版了一本颇受好评的书，内容是大川周明先驱性的伊斯兰研究，尤其重要的是，他从东京审判的被告席上下来后，翻译了《古兰经》全文。他恢复神志后完成这项工作，使一些人认为他的神志一直清醒。

“我还是学生时对他的印象很差，他是右翼分子，是国际审判的被告之一，发疯了，”舀杵良平说，“但他很快又恢复了，为什么？”

舀杵教授一直说英语，只有在说到某些难以表述的短语时才向千明求助。他的外表非常富有学者气质，蓄着白色的胡须，胸前挂着一副眼镜，用黑色的绳子穿着。我们分别坐在长会议桌的两头，桌子上放着一小叠大川周明的书。他翻了翻，想找出他正说到的那本——“比如这本，不，不是这本，这本？不，不是……”——他最后找出一本一九〇八年出版的期刊，这是大川周明第一次写的有关伊斯兰教的文章，那时他二十岁出头。

舀杵良平认为大川周明学识上的进步全部始于这篇文章，文章的主题是一个神秘教派——苏菲派，他认为文章反映出大川周明年轻时受到精神和理想主义的吸引。他把书放下，又翻了起来，想找出另一本书来，这次他挑出一本厚厚的合集，翻到中间一页举起来给我看，那一页是空白的。舀杵教授说，大川战后想写一篇关于苏菲派的文章，但从未提交。他认为大川在战前参与了混乱的政治活动，战时染指更加混乱的亚细亚主义政策，使得他和他的精神内核脱节了。

“他一直都是个矛盾的混合体，许多层面上都是。”几分钟后，舀杵说道，“他总是分裂的，内心无法统一，这也就是他为什么一定会在审判中发疯的原因。”

“你觉得这是他发疯的原因吗？”我问。

舀杵良平有些不自在地笑了。“当然，他打了东条英机的脑袋，不过住院后他的病情不那么严重了，”他说，“无论如何，他个人的理想主义和日本社会现实之间的对立，给他带来了灾难。我想是这样的。”

大川周明的一生都充满矛盾，这一点舀杵良平肯定没说错。他是满洲事变的始作俑者之一，却鼓吹亚洲统一；他坚信日本所具有的优越性，但拒斥帝国主义；他强烈地仇恨西方，但阅读了大量西方思想家的书籍；他给大川学院的学生灌输高尚的人类和谐思想，却每天晚上和艺伎厮混。他的生活由一系列高尚想法和世俗行为之间的冲突构成。

“永远有两种趋势，”过了一会儿，舀杵说，“表面上是政治生活，内心是精神生活。”

他把两只手抬起来，分别代表两种生活，然后啪的一声合起来。

“它们互相冲撞，”舀杵说，“在日常生活中，他压制精神，所以第二次世界大战后他毁了自己。”我想他实际上想说“压抑”，但用错了的词似乎更准确。

“所以你认为他会发疯，部分是因为被压抑的想法和言论之间的矛盾？”我问。

“这就是他快死的时候不能写苏菲派的原因，”他说着又把之前那本书拿出来，“是空白的。”

我们就大川周明不同的方面谈了好几个小时。“许多张面孔，却是属于一个人的。”舀杵良平说。千明的话正中要害：“大川周明能符合别人对他的任何一种认知，因为他的性格变化无常。”我临走前，舀杵说，他年轻时，大川在他眼中是一个爱国者、右翼分子、战犯、打了东条英机的人，这些年来他更加熟悉作为哲学家的大川周明。

“大川是一个让人着迷的人，所以写他积极的那一面吧。”舀杵说，“他当然有非常消极的一面，矛盾，但总体上，我觉得他是一个好人。”

“那么你能忽视政变、五一五事变和满洲事变吗？”我问，“你觉得那些事对于理解大川周明这个人不重要？”

“大多数日本人——”他转向千明，说了一个无法用英语表达的短语，她转向我。

“没有尝过食物的人，会讨厌它。”她说。

第九章

崩溃

现在反观，战争中，那些在训练时看上去非常正常的人在作战压力下崩溃了，他们来找我时一个个都像是我在日常生活中观察到的精神分裂症患者。

——丹尼尔·贾菲，《战地精神病医生回忆录》，1996 年

一九四五年三月二十七日，第三二二医疗营从好彩军营出发去前线，他们的车队中途没休息几次，他们穿过法国北部到比利时，后进入荷兰南部的马斯特里赫特，再从那里去德国西北部，祖父乘坐的吉普车天黑时到达边境。车一到亚琛——盟军攻占的第一座德国城市，他就听见子弹从自己的头顶上呼啸而过的声音，他们还没到前线就遭到袭击了。

训练时，祖父是参谋部的一员，作战时和第三二二医疗营一起。第二次世界大战时，一个陆军师有好个层级的医疗援助，步兵和炮兵单位有他们自己的医疗特遣队，在战场上用类选法进行治疗，电影中出现过在地面部队旁边躲避子弹的医疗人员。每个师还配备了专门的治疗队，在伤员从前线医疗站到后方综合医院的途中照顾他们。第九十七步兵师的治疗队就是第三二二医疗营。整个营分成三个搜寻连（分别用字母 A、B、C 表示），每个连负责师里三个步

兵团中的一个。搜寻连把伤员运回前线后面两三英里的中转医院，交给清理连（D）。

三二二营到欧洲时有四百个士兵和二十四个医疗人员，士兵承担各种各样的工作，有的抬担架——他们的昵称是“身坚志残”小组；有的是在治疗过程中协助医生的技术员，他们大多数在入伍之前都是外科医生、牙医，不过有的是行政人员，从来没有从事过医疗工作。这些人中只有一个精神病医生，他大多数时间都待在清理连，这样多少会和D连有接触，以防止他们把从战场上带回来的患有精神崩溃的士兵送回战场。

祖父刚到亚琛，听到第一声枪响时一定受了惊吓，后来才明白过来他没有真正的危险。医疗人员不带武器（至少正式的规定上写他们不带），唯一让他们免于敌人袭击（至少是尊重日内瓦公约的敌人）的是吉普车上的红十字、头盔和臂章。亚琛的枪响其实是示踪剂，由同一个师的士兵射出的，提醒他们要遵守战争区域的熄灯命令，他们开车时无意中打开了汽车的车头灯，他们把灯关掉，驶进黑暗。

一九四五年四月五日，三二二医疗营的成员沿着莱茵河往南行驶了五十多英里，离开了杜塞尔多夫的一处德军要塞。那天一整天都断断续续地下着雨，他们经过的莱茵河两岸的工业城镇——科隆和波恩都已化为平地，最后车停在巴特戈德堡，车驶上浮桥过了莱茵河，桥在车轮下摇摇晃晃的。第九十七步兵师的目标是从河对岸回到杜塞尔多夫，他们又往北去了，步兵朝已建好的前线走去，祖父的连在前线后几英里处建清理站。他们在山上看到一座能够俯瞰莱茵河的宏伟建筑物，那是比林荷文城堡，第三二二营的士兵只把它叫作“古堡”。

比林荷文城堡由红砖砌成，两侧有白色尖塔，中间是一个尖锥形的顶，好像建筑物的主体部分戴着一顶黑色的女巫帽。德国人几个小时前才弃守，第九十七步兵师的几个单位来接管，从水晶枝形吊灯的情况判断，一些士兵在这里做了些射击练习。一进门就是宴会厅，可以用于治疗。清理连把设备放在不同的角落里，这里是医疗设备，那里是手术设备，这里是牙医设备，那里是精神治疗设备。他们把红十字旗帜插到窗外，然后开始等待。

一九四五年四月，盟军在鲁尔包围战中围困了德国 B 集团军，鲁尔山谷是第三帝国的工业中心，煤矿和铁矿丰富，第九十七师中的一个士兵后来将它称为“德国的匹兹堡”，是德意志国防军战争物资最后的供应地。被围困的 B 集团军共有三十二万五千士兵，他们的长官是防守大师沃尔特 · 莫德尔，希特勒把莫德尔称为“最好的元帅”，鲁尔地区的水道和灌木丛很适宜于使用拖延战术，但补给品越来越少了，德军士气也越来越弱了。如果盟军能够趁早打赢包围战，迫使莫德尔投降，他们就等于切断了德军所有补给品的来源，从而终结战争。

站在城堡的尖塔上，D 医疗连的人能轻易看见三四英里以外的前线，那时第九十七步兵师已在鲁尔区南部封锁带的西格河畔排好阵势，商讨该如何过河了。德军炸毁了桥梁，士兵分布于陡峭的北岸。河本身有五英尺深，水流很急。一个情报官员汇报说，德军大约有七千五百人。

美军预计，在卡尔－海因兹·贝克上校率领下的第三伞兵师将会发起最强的反击，他非常雷厉风行，在人手紧缺的时候，据说他让师里的医疗人员把红十字臂章拿下来，把他们送去前线。支援德国部队的至少有两个炮兵营，使用的武器是八十八毫米大炮，通常是用于对付飞机和坦克的。“这或许是德国人最具破坏力的东西了。”三二二营的一位医疗官后来说。

九十七步兵师的长官认为，要让士兵能最轻松地进入鲁尔区，就要在河两岸布满大炮，这就将清理站——无论有没有红十字，置于交火的中心区域。第九十七炮兵师在比林荷文城堡后面几英里架起一百五十五毫米的榴弹炮，瞄准西格河北岸，榴弹炮的射程达到九英里。四月七日上午十一点，进攻开始，德军用八十八毫米的大炮反击，交火持续了一整晚。弹片从城堡旁边的树顶上掉下来，像在下雨，德国狙击手或许是瞄准九十七炮兵师，不过射程还不够远，但医疗人员害怕他们是把城堡当作目标了。

爆炸立刻影响到了士兵的心理，执行巡视任务的二等兵不肯踏出围墙，一个技术员失足滑进了地下室，不愿出来，祖父发现他神情激动。“处于炮火之下感受到的惊恐，只有亲身经历过才会明白。”他在回忆录中写道。一个叫作罗伊·彼得曼的货车司机待在尖塔旁的一间小屋子里看着他的车，他看见一个士兵在附近走来走去，一个医疗人员正在安慰他。彼得曼问发生了什么事，医疗人员说士兵“只是有点炮弹休克”，然后就走了。

去拜访罗伊·彼得曼的时候，我带了一张空白支票，他住在马里兰州奥克兰，在华盛顿以西二百英里处，离西弗吉尼亚公路很近。

那天是夏天最热的时候，气温快破百了，第七十州际公路旁的草地因为太热而冒烟了，公路上的司机减慢车速，非常危险，两辆车相撞了，当我驶过浓烟时，运气远远比驾驶技术重要。

空白支票不是给彼得曼的，而是给他的邻居的。彼得曼和祖父一起在三二二医疗营的D连服役，连里只有大约一百人，彼得曼是车队司机，祖父是医务官，即便祖父是个善于交际的人，他们之间的来往也可能很少，何况祖父不是善于交际的人。彼得曼在电话中告诉我，他记不得我的祖父，但保存了一本连里的日记，可能会对我有用。唯一的问题是他很多年前把日记借给邻居了，这位邻居已经死了，日记在他的遗孀手中，她或许是找不到了，或许是没有找过。

“我希望我能拿到，把和你祖父有关的信息告诉你，”彼得曼在电话中对我说，“但我好像不能从她那里拿到。”

所以我带了空白支票，我还从这位女士的住址中推测出了她的姓氏（彼得曼也说过）以及她家和彼得曼家的距离（沿着同一条路再开五英里）。祖父烧毁了他战时写的所有信件，我只能知道他服役的基本情况，根据模糊的信息追踪他的行动，就好像在烟雾弥漫的高速公路上开车一样——充满了希望和疑问。不可能写一部历史书，找到日记也未必不可能。如果彼得曼拿不到，空白支票或许可以。

我到的时候，彼得曼坐在前门走廊上，头顶上挂着两面美国国旗，身边也有两面，他的衬衫上写着“骄傲的美国人”。他当时快九十岁了，他说，他自从退休后每天早晨都会坐在这里。他的鼻子圆圆的，两鬓和后脑勺上有很多白发，眼神锐利，我能想象他的眼睛六十年前是怎样的，他的手很有力道。

我在他的对面坐下，我们中间的平台上铺着一块红白蓝相间的台布，上面放了几张照片。

“几年前我们家发生火灾，很多东西丢失了，但我有一盒照片没有完全烧毁，”他说，“我们把它放回车库里了，我昨天在看，看到几张我们攻打德国人时的照片，在‘城堡’里。”

照片是彼得曼一九八五年和家人去旅行时拍的，那时城堡里有一家很大的电脑公司，他跨过篱笆往里看，知道这就是他战时来过的地方。彼得曼的儿子和门卫说了句话：“祖父一九四五年时来过这里，你知道的。”门卫就让他们进去了。

“看上去有什么不同？”我问。

“没有不同，”他毫不犹豫地说，“完全一样，今天我还能回想起那个地方，房屋的内部。我在那里抢救过的第一个人，是一个中士，步兵中士，他被枪打中。我知道我们是在哪个位置抢救他的，但他还是死了。”

我们看着照片聊起城堡，一个小时过去了，然后我拿出一张纸，大致勾画出D连里各个人物之间的阶序，几分钟后，我们说到一个名叫鲍曼的上士，彼得曼的眼神又变得锐利了，这就是那个写连日记的人。彼得曼开始抱怨那位把日记借走的邻居，邻居死了，他的遗孀不肯归还。

“我当时不想去打扰那位女士，但他拿着我的上士的日记。”他说，“我给她一些时间好让她从悲伤中恢复过来——可能有一年，可能是几年后，她说她还没有收拾过他的遗物。我又给了她一些时间，接到你的电话后又给她打电话，她没找到。所以现在我明白了，绝对不要把你想要的东西借出去。”

我们画完了 D 连的整个谱系后，我问彼得曼有没有照片能把名字和面孔对上号，他把头探进房间里叫他的妻子珍。

“我有一张集体照，应该就是那连的人，”他说，“知道在哪里吗？”

“可能在车库吧，”她回答，“我去找找。”

从珍的口气中，我可以觉察出她去车库之前就知道她能找到什么和不能找到什么。和彼得曼见面很重要，但我必须去拜访他邻居的遗孀。我尽量不去设想假如她不肯给我看日记，我该怎么办，或者，她提出的价码比我能支付的高，我该怎么办。如何向一个上了年纪的女人报复而不引来谴责呢？我想或许可以踩坏她花园里的花或撕掉她信箱里的信件，但这样可能无法缓解我的痛苦。十分钟后，珍走过来，拿着一个积满灰尘的盒子和几张面巾纸，我更加沮丧了。

“我不知你想要什么，但车库里只有这个，”珍说着，把盒子放在走廊的远处，“这东西很脏，非常脏。”

彼得曼起身去翻找。我关掉电脑，觉得盒子里一定是一团乱麻。

他大声地说着他找到了些什么——几枚三叉戟肩章，几个盖满铁锈的信封。

“我打赌它不在这里面，已经二十年了，”珍说，“我也没见过那张集体照。”

彼得曼展开一张很大的信纸，大家都安静下来。“我不知道我有这东西。”他说。我凑上去看，他把信纸抽出来，把信封给我，邮戳上的日期是一九七三年，然后他把信纸给我。

“这是日记吗？”我问。

信纸上面的一个角落里写着“日记”——拼写是 Dairy，下面画了横线，是奥古斯特·鲍曼上士的日记。

“是的！”彼得曼大叫道。

“是吗？”珍问，“真的吗？”

“我一定是还有一份。”彼得曼说，他的手掌被灰尘染黑了，他局促地笑笑，锐利的眼神不见了。

奥古斯特·鲍曼上士日记

第三二二医疗营，D 连

一九四五年四月五日，在比林荷文，在著名的奥本黑塞（疑似拼写错误）城堡设立据点，我们叫它城堡……

贾菲上尉也来了，开始治疗精神崩溃的人。

我的父亲治疗的第一批精神创伤病人中，有一个叫作约翰逊的二等兵，隶属于第三八六步兵团第二营 G 连。四月七日的轰炸过后，三八六团冒着德军的抵抗踏上浮桥过西格河，M42 机枪和二十毫米高射炮在河对岸等着他们，但到了晚上，他们攻破了鲁尔区，占领了几个城镇。第二天一早，第二营继续去追赶已经到达中心位置的 D 连，他们又遭遇连天的炮火——二十毫米和八十八毫米的大炮齐射。那天的大炮进攻“比我们目前为止见过的任何一次进攻都激烈”。D 连狙击手杜里格在日记里这么写道。士兵接到命令，一直战斗到深夜。

德国人消失在浓密的丛林中，营情报官员唯恐他们会“在夜间渗透或察探我方战线”，这种忧虑可谓准确无误，敌军一个分队在暮色的掩护下伏击了第二营的指挥部，射杀了一个中士，他到外面去解手，被一枪射中了脑袋。其他的美国士兵拦住了德军突袭队，以快得不可思议的速度向前推进。四月九日，他们攻占了十六个城镇，市民惊恐万分，纷纷把白色床单伸到窗外挥舞；四月十日，第二营在激烈的反抗下又攻取了十四个城镇——德国狙击手埋伏在村庄内，空地上受到机枪和大炮的轰炸，二十毫米的高射炮比前几天还要频密。

即便如兵团日记中所写，第三八六团的士兵都“吓得腿发软走不动”，他们的步伐还是越来越快了。四月十一日早晨，在师炮兵部队的支援下，G 连对河边的穆赫镇发动攻势，上午九点四十二分整，步兵报告说德军开始反击，三分钟后，大炮声还在头顶上响彻，二等兵约翰逊因为“精疲力尽”被送到了清理站。

第三八六步兵团由第三二二医疗营 B 连接收，如果按照章程上所写的，那么 B 连的救护车先把约翰逊从战场上的医疗站接来，把他躺的担架放在入口处，再回前线去。抬担架的人走进城堡时，负责接收的官员——通常是安斯沃思上尉，让他们把他送到祖父那里。“那些因为战斗疲劳或炮弹休克被送来的士兵，会自然而然地像是要崩溃了，然后表现出日常情况中的急性精神分裂典型症状。”他在回忆录中写道。他在医学院、圣伊丽莎白医院，当然和他自己家里都见过这样的案例，只不过现在病人穿上了军装。

无论在哪个战区，隶属于哪个师，有着怎样的经历，第二次世界大战时在战场上崩溃的士兵被带回清理站时看上去都很相似，十分奇特，他们失去方向感，口齿不清，产生幻觉，或者三者都有。战时的记录中反映出一些特殊的病例：有的士兵手臂抽搐不止，当医生问他叫什么名字时，上士不得不把他的身份识别牌拿出来看；曾因行为英勇获得铜质星章的技术员进来时一边哭泣一边发抖；等等。但总体上，他们都失去了控制。

他们说的话也一样，第八十八步兵部队的一个士兵对清理站的精神病医生说：“我再也受不了大炮声了。”第八十五步兵部队的一个二等兵说他“每次听见大炮飞进来”都会发抖。第三十六步兵部队的一个一等兵说他不能重回战场，因为“只要在那里扔几枚大炮我就变成了废物”。第九十一步兵部队的一个上士根本什么都不用说，他一听到最轻微的声响就跑得老远，清理站里根本没人能接近他。战争结束后几个月，第二次世界大战时负责为军医署总管军队精神健康问题的威廉·门宁格综合概括得出以上症状。

“当最后一根稻草压到士兵的背上，”门宁格写道，“后果都是相似的。”

埃特尔上尉是三二二医疗营中军衔最高的军官之一，他记录了整个师在四十多天战斗中，被送到D连的三十八个精神病患者的大致情况，其中将近一半是明显的战斗疲劳，即约翰逊经历的身体上的崩溃，或者是由炮弹引起的轻微焦虑症。对于这些病人，祖父使用起效快且药效持久的镇静剂阿米妥钠，剂量根据病情的严重程度而定，让他们睡三十六至七十二小时不等，他们醒来后，他把患病过程简单地告诉他们，并向他们保证一定会恢复的。到那时，他们去洗澡，然后吃饭——至少章程上是这么写的。大多数病人立即接受这种疗程为三天的治疗后立即重回战场，埃特尔上尉报告说师里的病人“极少有复发的”。

对于有些士兵而言，这样的治疗并不完全足够，不到一半的神经精神病患者被送到师休养营接受几天额外的观察和治疗，那里的医护人员都不那么着急。这些人恢复后多数去担任非战斗任务，他们没有再上过战场。九十七步兵师有七个士兵到清理站时情况非常严重，不得不送到离战场最远的医院里去了。

对于一些病情较重的病人，祖父采用了麻醉疗法，这是他一九四三年在华盛顿会议上学会的。他先用巴比妥类药物让病人放松情绪，在医生和病人之间制造出一种和谐友善的气氛，然后循循善诱，让他们说出各自的经历，直至达到临床医学上称为情绪宣泄的效果。根据埃特尔上尉所说，祖父有一次表现得非常惊人，他利用麻醉疗法让一个被送到清理站时失明的军官复明了。

三八六步兵团第二营的记录表明，约翰逊从“战斗疲劳”中恢复过来后就和D连重回战场去了，每一个从这个营来的精神创伤者

（包括 E 连到 H 连的人）都让祖父忧心不已。操练阶段，祖父和沃尔特 · 达菲尔德很亲近，一开始达菲隶属于参谋部，但九十七步兵师出发去欧洲后不久，他就申请要调去作战单位，哈尔西上将派他去指挥三八六步兵团 F 连。他的老朋友瓦克斯留在师总部，离前线很远。祖父虽然从来没说过，但他在清理站时心中一定充满着奇特的矛盾：他非常想再次见到他的好朋友，又充分地了解如果见到他，将意味着什么。

第二次世界大战时，战地精神病医生监管一个三级的前线体系。他们的第一项任务是鼓励每个营救护站里的外科医生就地治疗轻微的精神崩溃案例；他们本人在第二级的治疗区域，即师清理站，处理稍重些的病人；需要额外的时间来康复的士兵将会被送往第三级，即师休养区，那里有更多的病房和医护人员。大家普遍认为是弗雷德里克 · 汉森一手操办了一切，他一九四四年末写道，整个医疗援助体系“运作完美”。

负责管理军队精神病项目的人觉得士兵如果能接受这三级的治疗，就最有可能重回前线，他们大致上是正确的，在每个师配备精神病医生之前，精神创伤者被送到离战斗区域很远的野战医院或综合医院，只有百分之五到百分之十的人能重回前线。到了一九四五年三月，前线精神病医生在两天到五天不等的时间内，让百分之六十的病人重回前线——这里面不算在战地救护站接受治疗的那些，因为那里没有详细的记录，那时，十个崩溃的士兵中只有一个需要送到战斗区域以外的地方。尽管医疗人员严重不足，但这样的比例是很可观的，在欧洲战场上，一个外科医生要处理十个病人，每个精神病医生要处理二十三个病人。

仅仅看诺曼底登陆时战地精神病项目所取得的成功，就足以让军队全面实施这一医疗项目。登陆日之后两个月内，第一军中每三个被送进医院的士兵里，就有一个患上精神疾病。假如没有一个专门用于治疗和救助精神创伤者的体系，美军的兵力将会大幅折损——据一项估计，损失将会达到五分之一。但是，战地精神病医生在诺曼底海滩上树立了丰碑。为登陆日特别建起的一个休养中心，帮助百分之八十的神经精神病患者重回战场，执行全部或部分作战任务。一九四四年六月到七月间，第一军精神病患者数量达到一万一千人，只有四千人丧失作战能力。这并不是说假如没有精神病医生，盟军就会失败，但是要获得胜利就会变得艰难得多。

每个师精神病医生工作的关键，就是要动作快，不能留出时间来“让病症扎根”。在前线治疗时，不过是给大多数精神病患者注射镇静剂，让他们休息，和他们聊天，鼓励他们一下。休息让士兵恢复体力——大多数人都相信“作战疲劳”确实是由极度疲劳引起的，鼓励让士兵恢复精神，理想中，医生的语气应当足够温和，和病人建立起友好和睦的关系，但也要相当坚定，保持军队的权威性。他要用最简洁的话语让士兵相信，他们的经历都是作战压力导致的正常结果。“大多数情况下，我们会强调他们的反应都是环境引起的，很快就会消失，和发疯没有关系。”斯蒂芬·兰森是一位精神病医生，他战后在回顾清理站工作的情形时这么写道。他让士兵明白，他们不久后就能重回战场去。很明显，神经性创伤，比如爆炸造成的脑震荡，要几个星期才能好转，不过这些病人也会表现出心理疾病的症状，也会得到妥善的治疗。

清理站的设立让士兵能在恢复期间感到舒适，但如果他不想回战场，那就没那么舒适了。他们吃一顿美餐，洗个澡，刮掉胡子，但他们要一个人排队领饭，在厕所跌倒不会有人来扶，照顾他们的是医疗队中的技术员，不是穿制服的护士，那些人自己也非常劳累。在前线后面几英里处的休养区，气氛也是如此，在那里住了几天后，士兵就开始行军和做最基本的操练，只有那些过了一星期后还不见好转的人，才会被送进医院，即便是在那里，医护人员的目标也是让士兵去执行非战斗任务。整个体系的最终目的是保存兵力。以日常标准来看，“作战疲劳”是一个不准确的名词——这些病人绝对不仅仅是疲累，但以军队标准来看，这就足够了。

这种精神创伤者的治疗方法背后，有一套完全合乎逻辑的理论：让士兵留在离前线较近的地方，可以防止他们获得精神病医生所说的“次要受益”。大多数士兵心中存在着互相抵触的愿望：他们一方面想避免遭受更多的伤害，另一方面想和战友们团聚。在环境舒适的医院里，躲避伤害的愿望会占上风；在军事化管理的清理站里，战友之间心理上的纽带依旧非常强，精神病医生和士兵谈话，鼓励他时，也常常强调对军队的忠诚。“共同生活而后生死与共的人们，他们之间的纽带比其他任何一种纽带都强，强过自卫的本能。”祖父在他的回忆录中写道。同样的一种环境，既充满了压力，能导致人崩溃，也常常富于慰藉的力量，能让人康复。

休息加鼓励这样的治疗方式，事后看可能很简单，但是有着持久的效果。战后一项关于精神病案例的研究表明，一开始崩溃后注射镇静剂的士兵，效果能达到十一个月。这些人不仅仅是能上战场，而且其中三分之二的人表现“很好”或“令人满意”。军医署办公室发布的最后一份年度报告宣称，精神病医生的“作用”是“绝对的，不可置疑”。但是，战地精神病医生也没有一劳永逸的治疗方法，精神创伤者中，有百分之十五到百分之二十的人会复发，医生知道，假如能像日常生活中一样对他们进行更个性化的治疗，他们的情况就会好得多，但作战时的紧张节奏不允许他们这么做，因为要花费太多的时间。

第二次世界大战时的军队精神病医生通过疏导症状的方式来挽救士兵，至于这对他们的长期健康会产生怎样的影响，没有人知道。“军旅生活，特别是作战经验，对他们的性格产生的永久性影响，只有通过时间去发现。”这是威廉·门宁格亲口说的，“最好战争一打赢就去发现。”

随着第九十七步兵师往杜塞尔多夫挺进，城堡里的伤员也越来越多了。步兵师在西格堡古城和凶残的德军第三伞兵师恶斗了一场，然后往北去特罗斯多夫，德军在那里给了他们“鲁尔包围战中最惨痛的教训”，炮兵指挥官舍曼·哈斯布鲁克上将说，四个伤员中有三个被弹片刺伤，一个受枪伤。城堡中一次能容纳一百五十个伤员，但到四月中旬，医护人员已经忙不过来了。在眼前的状况下，营高级军官们不得不暂时搁置他们的权威，亲自参与治疗，凡是有医疗或外科背景的人都参与急救，我的祖父也一样。

“这是第一个真正让人动容的急救场面，”鲍曼中士在日记中写道，“每个人都工作到动弹不得为止。”

祖父没怎么写他在城堡中遇到的同事，但我能从许多记录和回忆录中看到他们的身影。三二二医疗营的指挥官是赫德中校，他是田纳西州的医生，长着一张圆圆的面孔，眼睛明亮，爱说脏话，在那时的照片中，他戴着一副圆眼镜，镜框很细。他于一九四四年二月加入第九十七步兵师，那时美军和日军刚在瓜岛恶战了一番。他的同事说他是个完美的外科医生，就是技术很差，了解他的人说他是个一流的酒鬼，能不动声色地喝掉五瓶威士忌。

三二二营的副指挥官是吉列特少校，他总是发出断断续续的笑声，很喜欢军衔带来的特权，但他本质上又是一个很有同情心的人，有一次排队领早饭时用他的头盔接一个士兵的呕吐物。在清理站最忙碌的时候，大多数不需要动手术的、生病的，或者类似的士兵都是吉列特处理的。

里奇少校非常有钱。名义上说，他从战争一开始时就负责D连，但鲍曼的日记中写埃特尔上尉负责清理站的日常管理工作。埃特尔是个典型的得克萨斯人，脾气温和，是个优秀的外科医生——有谣传说他对女性也很在行，他和赫德一同分担伤得最重的士兵。他入伍前就认识祖父，他们一起在乔治·华盛顿医学院上过几年学。

米勒上尉和托德上尉一开始就是这一小组的成员，他们经常一起喝酒，但他们永远无法拉上新教牧师莫特拉诺上尉和他们一起喝——即便他们答应去教堂也不行。安斯沃思上尉是个牙医，他在清理站兼任接收伤员的工作，每天送到城堡来的伤员数量太大，参谋军士法利无法应付，鲍曼在日记中写道："不得不把他抬到床上去休息了。"

五十年后，祖父依然记得战时他看见的第一个死在担架上的士兵，那是一个年老的中士，腹部被许多弹片刺穿。“随着他的心跳减弱，我弯下腰，匆匆给他注射药物，让他的脉搏恢复。”祖父后来写道，“我活在这世上一天，就无法忘记他最后说过的话：‘请告诉我，我会没事，医……生……我的妻子和四个孩子在等我回去。’”

极少有士兵会在清理站长待，但大多数送来的人都需要立即治疗。城堡里的医生和技术员自制绷带和止血带，换敷料，上夹板，如果需要甚至会输血。他们的目标不是让伤员的伤口愈合，而是让他们活下来，能去离前线七十五英里的综合医院。

清理站的医护人员还要治疗德国士兵和平民，这让他们非常不舒服，许多病人只需要内科治疗，比如一次科隆伤寒大暴发，病人都来了，医生给他们注射青霉素，那时也没有其他的药物。鲍曼写到清理站接收过一个当地女人，她在围裙口袋里装满了手榴弹冲到美军前线时被枪打伤。

至少有一位技术员会说德语，莫特拉诺牧师会说意大利语，一些军衔较高的敌方军官不需要翻译。埃特尔有一次给一个党卫军狙击手做手术，对方用流利的英语炫耀说，他用十一发子弹打死了九个美国人。手术后受命把他送走的救护车司机事后回来报告说他死在了路上，“他不小心把毯子包在脑袋上了。”司机说。

到了一九四五年四月十四日，第九十七步兵师已经深入鲁尔区，医护人员也得挪动地方才能满足他们的需求，他们在瓦莱特男爵的瓦尔沙伊德城堡里建了一个新的清理站。照鲍曼的说法，“男爵的地方”有一座美丽的喷泉，一间更加美丽的小教堂，墙壁上挂着男爵和希特勒的合影，就不那么美丽了。士兵一到就开始搜刮那个地方，如果有些珠宝丢失了，士兵们就会说珠宝是被“解放”了，营指挥官威胁说，如果他们不肯交出来，就要送他们上军事法庭。很显然，偷窃的人愿意交出珠宝，是因为男爵开放了他那座令人赞叹的酒窖，给医务官和几个没有军衔的士官生每人一瓶陈年香槟，祖父把香槟和他的病人档案一起放在汽车后备厢里，留待重大场合时喝。

那天，三八六步兵团第二营F连的十个士兵被送到清理站，祖父吓了一跳，其中五个被弹片刺伤，一个死了，但是达菲不在其中。

第二天，上级解除了祖父的外科助理任务，让他去治疗一个精神创伤者，这是三八六团E连的一等兵帕森斯，团第二营在三天的闪电战中横扫了十多个城镇，帕森斯因此患上了作战疲劳症。四月十三日和十四日，他们遭遇的抵抗程度较轻，但在贝兴附近遇到强势反抗。那个地区布满德国狙击手，八十八毫米的大炮一整晚都发出震天的响声，似乎这些还不够，有谣言说狼人，即专门伏击盟军的纳粹突击队员，已经渗透整个地区。四月十五日，第二营于早晨七点准时行动，E连在左翼，他们本来希望能速战速决，但遭遇了第三伞兵师的强步枪反攻，报告中称八十八毫米大炮的数量“不算太多”。

根据记录，帕森斯重回战场执行作战任务，鲍曼的日记中写道，医疗营那天离开了男爵的城堡，去追赶部队了。

第九十七步兵师攻占鲁尔区其他地方时几乎没有遇到什么阻

力，莫德尔上将自知必败，把B集团军解散了，余下的德意志国防军也瓦解了。（戈培尔很快谴责他是叛国者，他在树林里开枪自杀了。）成千上万投降的士兵把道路都阻塞了，九十七步兵师总共俘虏了两万两千名德国士兵。

清理站好不容易就近找到一个地方，先是在贝尔吉施－格拉德巴赫的一所纳粹学校，三天后攻下佐林根的一家歌剧院，里面有一架庞大的管风琴和一架斯坦威钢琴。那里几乎没有人员伤亡，也没有特别恐怖的场面，卡迈恩中尉看错了地图，不小心带着D连走到步兵团前面去了。“我们飞快逃跑了吗？绝对的。”鲍曼写道。

一九四五年四月十八日，哈尔西上将兵不血刃地夺取杜塞尔多夫，那天祖父在歌剧院给总部发回消息，他已经让四个严重作战疲劳的士兵去休养营，激烈的战斗虽已结束，但他们受不了匆忙的行军步伐了。

军需连一个叫作德沃金的司机也是在这时候送走了几个精神病患者，他们或许是祖父下令送走的，或许是其他和他们类似的人。德沃金沿着莱茵河往南开车时，他的传令下士开玩笑说精神病人欺骗了军队，他们的战绩已经足以让他们能昂首阔步地回到家乡，但也不必再经受任何危险了。这种居高临下的口吻意味着他们是假装生病，德沃金不是很清楚。

“他们好像是被催眠了，神志不清，他们谁都不和我们说话，”他回忆道，“我个人觉得他们真的是精神崩溃了。”

四月二十一日，清理连冒着大雨撤离佐林根，他们要去巴伐利亚的森林，在埃尔森费尔德附近一片农田里夜宿。据鲍曼所写，他们先安顿好病人，然后支起帐篷，躺在潮湿的地面上瑟瑟发抖。

第二天晚上，他们到了文西德尔，是今天捷克共和国的边境上，在一所学校里建起清理站。很快就会有伤员来了，九十七步兵师加入乔治·帕顿上将的第三军，预备对正在撤退的德军发动进攻，大家都希望这是一场决定性的战役。两天后，祖父在清理站做行动之前最后的休整，他无意中在一份名叫《星条旗》的军队报纸底端瞥见他的名字，名字上坐着一个穿尿布的婴孩，他的妻子生了一个儿子。他打开从男爵的城堡里拿来的陈年香槟，一口气喝完了。

庆祝活动很短暂，当他得知第三八六步兵团第二营的新目标时，喜悦很快转变成了“高度焦虑”，他后来是这么说的。师接到的命令是防守帕顿军队左翼，协助他们向德国南部和奥地利进攻，这意味着他们要攻破捷克斯洛伐克的边境，攻占海布市，那是德军的行政中心和战争工厂，有一个很大的飞机场。

步兵团没想过能轻而易举地完成任务，根据情报人员的报告，向东撤退的德军用地雷、饵雷和路障把海布市围得非常森严。步兵师派了三八六团第二营和一个排的工兵，确保他们能进入海布市内，如果能，就说明德军的防线十分牢固，达菲和F连将是主力。

大家有充分的理由感到害怕。四月二十五日早晨，他们在埃格尔河旁边发现F连一个分队的汽车，汽车是往捷克边境的方向行驶，它被烧毁，车上的士兵失踪。然而，还是要按原定计划攻占海布。三八六团第二营在盟军坦克和大炮的掩护下，迎着德军的机关枪和高射炮开始攻城，进攻持续了九个小时。

天黑时，他们已经夺取了埃格尔河沿岸，海布北面的高地，德军八十八毫米和二十毫米的大炮一整晚都在空中呼啸。第二天，三八六团和从南面来的三八七团在海布市中心会师。在街头和德国狙击手交战并击退了一小群反抗者后，盟军控制住了第一座捷克城市。

文西德尔清理站里的医护人员忙得焦头烂额，他们先接收并治疗了两个工兵，工兵坐的重型吉普车被狼人的子弹打穿了，埃特尔上尉给一个德国士兵截肢，之前有一个医生已经试过，但没有成功。三八六步兵团解放了被困在一间德国工厂中的一千六百名苏联士兵，其中大约一百人病得很重或营养不良，也被送到了清理站。根据鲍曼所写，我的祖父负责照顾这些人，安杰耶夫斯基中士和扎亚茨中士做翻译。

整场行动中，他无疑特别留意 F 连的伤员，一等兵马瑟送来时两条腿均受枪伤，扎列斯基中尉头皮受伤，一等兵西斯克受了点轻伤，和从前一样，没有达菲。

海布市的交战如此惨烈，连一个战地医护人员都受不了了，一等兵托特是 C 连的一个救护车司机，C 连负责运送三八七步兵团的伤员，他的搭档是另一个一等兵托马斯。对于一个士兵来说，托特的年纪有点大了，据托马斯说，他入伍时就快四十岁，晚上会用铅笔给他的两个女儿写信。“我想，和她们分离，是最让他伤心的事。”托马斯回忆说。托特是个很好的司机，他没参军前是卡车司机，但一听到炮声，他就会慌张。海布的炮声猛烈密集。攻城的某天晚上，托马斯从清理站回到文西德尔，到处找他的搭档，他发现托特坐在一间农舍的角落里盯着墙壁发呆。

“我说，我们要再跑一趟。”托马斯回忆道，“他说，他不去了，他回家去了。这是我最后一次看见他。”

一九四四年春末，威廉·门宁格从军医署办公室选了一个代表去战场，查明美国士兵究竟为什么会崩溃，他选了约翰·阿佩尔——军队精神科工作室精神卫生部的主任，他于卡西诺和安齐奥战役快结束时到达意大利。在六个星期的时间内，阿佩尔跟着第六〇一清理连和其他几个前线医疗组，他们是为援助马克·克拉克上将正在往前推进的第五军的。随着美国军队向罗马逼近，他检查了上百个被送回来的精神病患者，到这时，一些军官仍然怀疑精神创伤的真实性，阿佩尔一到就打消了他们的怀疑。

“你看到精神病患者消瘦的脸和呆滞的表情，跌跌撞撞地走进清理站，哭泣着，发抖着，结结巴巴地说着‘大炮’，或他们残缺不全的战友，这就足以让大多数人相信了。”他写道。

在调查过程中，阿佩尔得出结论，军队中的精神崩溃和士兵的服役时长以及战斗的激烈程度直接相关。据他估计，一个普通的步兵能坚持作战九十天，然后就会发生问题，一些人一听到大炮声就崩溃，另一些人能撑得久一些，直至疲劳耗尽了他们肌体的免疫能力，还有一些人能适应这么离奇的氛围，直到炮弹炸伤或炸死他的战友。九十天是一个士兵“最能发挥作用的时间段”，阿佩尔写道，此后“就每况愈下了”。战时进行的另一项研究表明，五个士兵中有一个会在作战三个月之后崩溃。几十年后回顾军旅生涯时，阿佩尔写道：“战场上的压力，没有经历过的人不可能理解，就和性活动一样。”

那些熬过最初九十天而安然无恙的人，最终也会崩溃。虽然他们不再恐惧战争，但随着他们的战友因伤残或死亡而远离，他们失去了在最艰难的时刻赖以生存的纽带，生理和精神上的压力会俘虏他们，身经百战的军人开始担心他们自己的末日也快来了—— 一般规律是这样的。他们心中的恐惧转化为诚惶诚恐，这让他们变得毫无用处，有时让前来接替他们的新兵意志消沉。当他们崩溃时，他们的样子和听到第一声炮声就崩溃的人没有区别，“老兵综合征”是专门用来指称这种心理疾病的。阿佩尔估计，只有大约百分之十的士兵能撑过二百天连续作战而不发生问题。

“就好像二点五吨的卡车行驶一万四千到一万五千英里后就会报废，”他写道，“步兵似乎也报废了。”

士兵服役期间，面对激烈战斗时的调适能力，取决于两项最关键的因素。第一项是军官的指挥能力。指挥能力愈是欠缺的军官，手下的士兵就愈容易崩溃。阿佩尔所记录的一个步兵团中，三分之一的精神病患者来自同一个连，这个连的指挥官一听到炮声就找地方躲起来，以前在同一个战区所做的研究可以佐证这一结论。一九四三年夏天的西西里战役中，一个营的精神病患者数量是同一个团中其他两个营的两倍，这个营中百分之四十的士兵事后说他们的指挥官不好，不想配合。相反，一些指挥官非常出色，他们一不在场，士兵就会绝望。西奥多·苏拉特是第四十四步兵团的精神病医生，他的报告中写道，同一连中一天之内有八个士兵相继崩溃，因为他们爱戴的指挥官受伤了，其中一个此前已连续服役一百一十四天，一点儿问题也没有。

第二个关键因素是战斗的决心。一些人说动力不足——不如说是缺乏动力，是战时美国军队精神创伤者数量居高不下的原因，美军的精神创伤数量占总伤员人数的一半，苏联军队只有百分之十七，英国军队百分之三十。阿佩尔认为导致差异的原因在于，苏联士兵和英国士兵想为他们朋友的死复仇，并重塑祖国的荣耀，而美国士兵不过是因为“不得不打仗”。（门宁格怀疑德国军队中的崩溃率这么低，是因为第三帝国采取了复杂的教化手段。）美国人常常感觉他们已做了该做的事，有权利回家和亲人团聚了。“可以这么说，瓜岛上由家信致伤的人和由敌人子弹致伤的人一样多。”一个精神病医生战后写道。

阿佩尔从战区回来后，准备了一份报告，内容是战地精神崩溃的原因以及防治方法，他认为军队应该清晰地说明步兵的服役时长（把他们服役的时间和紧张程度都减到最低），每个作战单位至少应有三组替补士兵（加强人员之间的互助）。“在现有的政策下，除非一个人完全丧失了功能，否则不可能解除他的战斗任务。”阿佩尔写道，“他只能祈祷自己能阵亡、受伤，或者精神完全崩溃。”军医署办公室把报告转发给总参谋长乔治·马歇尔，尽管马歇尔对军队里的精神问题不屑一顾，但还是很欣赏这份报告，分送给了三个战区的总指挥：意大利的马克·克拉克、欧洲的艾森豪威尔、太平洋地区的麦克阿瑟。

一九四五年五月末，经过激烈的辩论和内部分歧，陆军同意每个步兵的连续作战时间最长为一百二十天，并安排了替补士兵，和战争刚开始时相比陆军对于精神崩溃的理解已经深入得多了。一开始，他们认为只有弱者会崩溃，后来相信任何人都会崩溃，现在相信许多崩溃的人都能复原。战争官能症不仅仅是懦弱的产物，门宁格于一九四五年写道，战场上发生的意外事件，会打破巨大压力、群体纽带和个人性格三者之间的微妙平衡。当然，当美国陆军终于达成一致，启动全新的精神病项目时，欧洲战场已经获得胜利，许多人也都永远地疯了。

祖父最终获知达菲在进攻海布时手中的步枪被打飞，但人没有受伤，两人战后也是很好的朋友。有一年，一家人开车去加利福尼亚州看望达菲一家，父亲当时只是个小孩子，他记得达菲在苏格兰威士忌里兑了一大杯牛奶，因为医生说他有胃溃疡，不能喝酒，姑姑和伯父回忆说这是祖父唯一一次说起战争。某时，达菲指着伯父问："我和他有关吗？"祖母一般不会喜欢这样的黄色笑话。达菲兴高采烈，高声说话，和祖父截然相反。

"他和我们不是一个星球的居民，"伯父有一次说，"如果不是战争，他们不可能成为朋友。"

我出生之前很久达菲就去世了，是因胰腺癌去世的，他没有孩子。一次在查找和他有关的信息时，我无意中翻到一本书，是一个叫作尼尔·奥克森韩德勒的老兵写的。奥克森韩德勒在第三八六步兵团 F 连服役，直接受命于达菲，战争开始时，他自问是否能够挺得过去。"有什么是值得为之去死的呢？"他的战友死的那天，他这么写道，"我们一起经历了很多事，或许这些值得我去死。"那天晚上，他值夜班时射杀了一个德国入侵者，第二天早晨，他站在这个人身边，却无动于衷。

“我的朋友走上来，忽然到来的团结的感觉驱走了空虚，”奥克森韩德勒写道，“后来我没有感到过矛盾，我会留在战场上。”

作为精神病医生，祖父明白战斗时士兵之间的情义能产生多么重要的心理上的影响，但就我看来，他自己却没有体会过这种情义。他写完回忆录后，有一天叫上姑姑和祖母讨论，她们大多数时候都想让他说出那些他不愿意说的事情，当姑姑明白他没办法再写他在欧洲遇到的战友时，她说：“你没有朋友。”（磁带上听起来不那么残酷。）

“难怪你每天给我写信。”祖母插话说，她又开始说他把阁楼上的信件烧毁了，让她觉得很难过，“为什么这么做？已经过去四十年了！”（磁带上听起来还是很残酷的。）

他没有回答，他们接着说其他的事情。

我能找到的所有三二二营的成员里，没有一个能回想起和祖父有关的重大事件。罗伊·彼得曼只是在清理站周围见过他；哈罗德·伯格是D连的一个一等兵，他说会向祖父敬礼，但是从来没和他说过话；乔·梅内盖利是C连一个抬担架的人，他会认识祖父，是因为祖父是营里极少数几个比他本人还要矮的人之一。鲍曼中士日记里有一份连士兵的名册，只有祖父一个人的姓氏没写在上面，很明显是没人记得了。

我能找到的与祖父的年纪、军衔和作战单位最接近的人，是沃伦·米勒，十月的一天——那天温暖得出奇，我开车去弗吉尼亚州的盖恩斯维尔见他。米勒大约六英尺高，光头，戴着一副大眼镜，对于一个九十岁的人来说，他的体魄似乎是太强健了，而记忆力相当于一个二十五岁的人，他是总部特遣队中的情报副官，就我们两个人所知，也是整个营中唯一还活着的军官。

“每次他们开救护车送来战俘的时候我就会去，”我们坐在厨房的餐桌边，米勒说道，“我和他们谈话，问他们属于哪个作战单位，他们的居住条件如何等等这类的事情，然后向师部汇报。医生动手术时，我就站在旁边看着。”

六个小时从来没有过得这么快过，米勒的记忆非常清晰，我只需要拿着三二二营的名册，随便念出一个名字，他就能说出些什么来（我省去了细节，因为一些无法核实，一些性质敏感）。有一个中尉，别人说“他就是我变成反犹主义者的理由”；一个中士吃尽了所有的苦头，原因是他的名字叫作多丽丝；一个士兵的个人卫生非常差劲，长官命令他去洗澡；一个货车司机坐在六英尺乘六英尺的货车的方向盘后面高唱歌剧；一个长着白头发的瑞典连上尉抢了医务室里的东西据为己有；一个准尉被送上了训练营里的军事法庭，因为他晚上到镇上偷了一辆公交车，开出去收车费；一个激动的意大利救护车司机哄骗抓住他的德国人，让他骑着自行车去了美军的战线；一个墨西哥人受不了别人的欺负而拔出刀来；一个从得克萨斯州来的副官可以“喝得烂醉”，但看起来还很清醒，什么也不怕；一个技术员失足滑进城堡的地下室，听到炮声不肯出来。

最精彩的是埃特尔上尉的故事，那是祖父在医学院时认识的外科医生。一个党卫军少校被送到清理站，背部中弹，他不愿让埃特尔给他做手术，理由是埃特尔的军衔比他的低。埃特尔脸红了，对他的一个二等兵助手说：“你一直想挖子弹，现在去吧！”

他能记得的最悲惨的情景，是一个被机枪打中的中士。

“我想我永远无法忘记，”米勒说，“牧师给他做临终祈祷。‘牧师，你得救我，你得救我。’埃特尔看见牧师摇头说：‘我做不到。’他尽力安慰这个垂死的人，那人当场死了。这样的事会真的打击你。”

我对他说，这似乎很像那个恳求祖父救他的人。我问是不是同一个人。

“可能，可能他也在场，”米勒说，“我想那天所有的外科医生都在工作。”

我拿出祖父在军队里的头像照片。米勒只记得见过他一次，是在战争结束的时候，他和一个病人在德国班伯格附近的医疗帐篷外谈话。

“他不太高，是吗？”米勒问，“五英尺六英寸？五英尺七英寸？”

一个身材矮小的精神病医生，战争中多数时候都是一个人想着他那些发了疯的病人。

一九四五年四月二十七日，伊莱·贾菲驻扎在太平洋某地，他收到祖父的一封语音邮件，信心满满地说战争就快结束了。“从他们的‘圣土’遭受毁坏的程度来看，这里的超人们勇往直前，我敢说我们看着感到欣喜若狂。”他写道（这段话能保存下来是因为伊莱把它写在他自己的一封信中）。信是几个星期前寄出的，但还是反映出九十七步兵师攻占海布市后的高昂情绪。第二天，医护人员在魏登设立了清理站。据鲍曼所写，那里的啤酒是战时经过的所有地方中最好的，一个士兵提议在这里狂欢三天。几天后传来了希特勒自杀的消息，卡迈恩中尉在一张照片下面写了报告，元首在照片下写着“给我亲爱的朋友”。

尽管魏登一片欢欣鼓舞，但医护人员却不得不问他们究竟是为什么打仗。一个在塞尔维亚军队里服役的美国士兵来到清理站，鲍曼的日记中写他“十分消瘦，营养不良”。后来的记录表明这个人是西尔维斯特·克雷瑟维奇，是从佛罗森堡集中营（Flossenbürg concentration camp）来的。

纳粹于一九三八年建了佛罗森堡集中营，目的是让囚犯到附近的采石场里工作。集中营所在的村庄在上普法尔茨山的山沟里，也叫普法尔茨村。管理佛罗森堡的党卫军军官住在村庄上方的山上，照研究集中营的历史学家艾丽西亚·尼查奇（Alicia Nitecki）所说，这种格局是一个隐喻——“这么一来，党卫军从背后看着他们的奴隶，面前的世界似乎没有尽头，村民怀着仰慕的眼光看着党卫军，他们将是德国的未来。”她如是写道。集中营四周围着带电铁丝网，隔离于城镇之外。

尽管今天人们对奥斯维辛和达豪集中营的印象要深刻得多，但佛罗森堡是德国领土上第四集中营，那里本来是关押政治犯的，特别是国外来的国家公敌，战争结束时，那里有许多显赫的人物，比如前奥地利大臣库尔特·许士尼格，刺杀希特勒阴谋的策划者之一迪特里希·潘霍华牧师，比利时国王利奥波德三世也在那里短暂地关押过一段时间，当然还有许多其他人。最多的时候，佛罗森堡内关押了一万七千个囚犯，而那里的面积只够关押不到这个数目的三分之一的人。

一九四五年四月十四日，盟军东进似乎是不可避免的，海因里希·希姆莱给集中营的长官发了封电报，写道：“不能有一个活人落进敌人手中。”两天后，集中营内的一万六千个犹太囚犯就被转移到其他地方去了。四月二十日，其他的犯人被集合起来，每人分到一块面包，开始行进，这后来被称为死亡之行，任何跟不上的人就被处决，尸体扔在路边。某些时候，德军挖掘万人坑，把疲惫的囚犯赶进去杀死。三天后，第九十步兵团的士兵解放了这座集中营。

四月二十九日，美军从九十七步兵师派了几个代表去集中营，对里面的情况进行记录以存照。哈尔西上将和哈斯布洛克上将是高级军官的代表，师外科医生萨默斯上校去检查幸存者，在一张由牙医比尔·希尔拍摄的照片中，萨默斯看着一个皮包骨头的人瞠目结舌。军法署署长拉尔夫·亚伯勒（后来的参议员）进行访谈以备案，师里的新教牧师汤普逊和天主教神父提维南及一个犹太教士一起埋葬死者。一些士兵也来了，艾森豪威尔下令派一群军人（各种军衔的都有）前来观摩，亲眼做证。据亚伯勒所说，这是因为他“知道人们以后会说这些事情从来没发生过”。祖父是那群人之一，这不是因为他是医生，而是因为必要时他能和囚犯用意第绪语交谈。

到第九十七步兵师着手调查集中营时，那里只剩下一千五百人了，多数都在死亡之行开始时被扔在医务室里，信号兵负责拍照，医护人员进行治疗，C连的一等兵罗杰斯还记得给幸存者喂牛奶的情形，因为他们吞不下固体食物。步兵师就集中营里的基本生存条件写了一份报告：佛罗森堡里的囚犯在采石场从事重体力劳动，食物是早上一杯咖啡，中午土豆汤配酸菜。对于身体太虚弱的人，集中营管理员给他们注射苯酚，装上小木板车，沿着一条小道送到地底下，那是集中营的火葬场。尸体“像木柴那样堆积着——整屋子的尸体”，彼得曼后来说：“那画面永远刻在你的脑海里。”

令人惊奇且失望的是，祖父在他的回忆录中对这段经历保持沉默——即使以他的标准来看也够沉默的了，但那也同样刻在他的脑海里。几十年后，他带着他的家人去一座犹太教教堂庆祝节日，却看见乔治·林肯·罗克韦尔和一群新纳粹分子在教堂外游行。祖父一看见穿着纳粹突击队员制服的人就失控了，伯父说这是他印象中唯一一次看到祖父去殴打另一个人。警察赶来制止，但祖父和其他人一起朝罗克韦尔那群人高声叫道：“我们打这场仗，就是为了除掉你们这群混账。”伯父永远记得祖父说的关于集中营的事。

他说：“如果你是一个正常人，生活在一个疯狂的世界里，你不可能还保持正常。”

接下去的欧洲战事对第九十七步兵师来说算是一切正常。一九四五年五月七日，第三八七步兵团的一等兵莫泽塔在捷克斯洛伐克的克列诺维斯森林里朝一个德国狙击手开枪，现在这被公认为是第二次世界大战的最后一枪。庆祝活动开始时，清理连在捷克的塔霍夫镇上，男人肆无忌惮地向女人提问，女人肆无忌惮地回答。车队里的青年在湖边洗车，他们很走运，几个年轻的德国小姐不知从哪里冒出来，脱光衣服跳下水游泳。人们涌上街头，酒吧里挤满了人，整个场面变得像个“疯人院”，鲍曼中士回忆说。

庆祝了几天后，步兵师掉头去法国港口勒阿弗尔，他们几个月前就是从那里出发的。接下来的几个星期里，随着师往西一站一站地穿越欧洲，祖父访问了一些战时就出现问题的士兵，这可不是例行公事，有传言说第九十七步兵师是要赶去日本参加尚未完结的战争。很明显，整个陆军都知道这个消息了，因为当时仍驻太平洋战场的伊莱·贾菲于一九四五年五月二十五日给妻子写了信，提到了这个消息。

“听说丹尼尔所在的师要来了，”他写道，“在美国好好休个假再来。”

假期有一个月。一九四五年六月二十四日，运载士兵的船只从欧洲抵达纽约港口，人们在船的甲板上跳舞，在跳板上方挂起一面超大的印着三叉戟图案的旗帜。祖父立即赶回布鲁克林和妻子团聚，她当时和她的家人住在那里，他见到了他两个月大的儿子。他六月晋升为少校，是帕顿上将签署的升迁令。他们和瓦克斯曼一家在波可诺住了一个星期，两家人从操练时起就一起喝酒野餐。某个人在祖父的房间门上贴了一块牌子，上面写着“所有来这里的人都要接受脑部检查”。那一个月很快就过去了，要回去报到时，祖父还不想和他的家人分开，就带着他们一起去了。

第九十七步兵师在北卡罗来纳州的布拉格堡集合，本来打算在去太平洋之前再受几个月的丛林作战训练。那是八月初，大多数军官和士兵来的时候，都已听说了原子弹爆炸的消息，其余的人也及时得知昭和天皇宣布投降了。没有人知道陆军还要让他们去做什么，一些人觉得只要回家去就好了，然而，他们却接到命令去日本执行占领任务。一九四五年八月十七日，祖父与妻子和婴儿道别，登上一列前往西海岸的火车，他不能再拖延了。他知道他亲眼见到了战争的终结，但如果他以为战争的疯狂也终结了，那就大错特错了。

第十章

无意识中的意识

我觉得非常茫然，产生了奇特的人格解体的感觉，或者是置身事外的感觉，我仿佛是站在外面，看着我身上发生的一切，仿佛一个人看着另一个人，但两个都是我。

——丹尼尔·贾菲，《战地精神病医生回忆录》，1996 年

把大川做过的一切都从历史中抹去。

——大川周明，1946 年春

祖父并不是派往日本的唯一的人，步兵师快出发时，士兵开始擅离职守，西行的火车在进站前一放慢速度，他们就纷纷跳下火车，不跳下来也不代表他们没有怨言，一些士兵涂鸦表示抗议，军队派了一个特别分遣队把涂鸦擦掉。师指挥官哈尔西上将面对着严重的士气低落问题，他手下的士兵感到战争结束了，“无心再出发”。哈尔西回忆说，艾森豪威尔还在欧洲时就亲自写信警告他，重新部署将会困难重重，建议一有机会就让满足条件复员的士兵复员——即便意味着人手紧缺。如果不这么做，可能会“导致士兵对美国军队丧失信心”。

当然，哈尔西不可能一下子让所有人都复员，随着出发的日子临近，师里的气氛也越来越紧张。在西雅图的劳顿堡，祖父两次和赫德上校发生争执，他的军衔在几天之内就超过了祖父。如果有人有权利对拖长的服役时间感到不满，那一定是赫德，他已经在两处战场服役，现在又要横渡太平洋。他们的第一次分歧是因为一个医护人员，这个人个子很矮，别人都叫他“小医生”。祖父在劳顿堡对小医生做了访问，觉得他患上了抑郁症，提议免除他的占领任务。赫德不能忍受任何一个人这么轻松地解脱了，驳回了祖父的提议，并与他当面对峙。

赫德问：“谁能批准精神不良者的缓刑？在我看来，我以为我是这个师的精神病医生。”

船起航前的那一晚，他们又吵了一次。祖父未经赫德的允许去西雅图游览，意味着赫德本人得留在营地里值班，他自己就不能游览了。纠纷的原因很好理解，在非作战的情况下，作为参谋部成员，祖父总是直接请示哈尔西上将的，不知道为什么一定要经过赫德的批准。但赫德不是这么想的，第二天早晨他找到祖父，这次很明显是生气了。

八月末，船起航驶往日本，旅途缓慢，令人痛苦。“我们渴望回家，厌倦了军队生活，看着无边无际的太平洋觉得很无聊。”祖父后来写道。没有人知道谁符合复员的条件，没有人知道他们何时能知道。一个士兵想让大家振作起来，就在船上分发手绘的半裸女人图片，旁边写着：“开火！”大家看着半裸的女人很高兴，但同时很沮丧，祖父也一样，因为这让他们明白世上还有半裸的女人这一物种。

一九四五年九月二日，船上的新闻通讯上刊登出日本代表团签署了投降书，战争正式结束。两天后，军方宣布凡是得分超过四十五分的士兵可以不去海外服役。第二次世界大战期间，士兵可以靠取得各种各样的战绩得到分数：每服役一个月得一分，每在海外服役一个月得一分，每生一个孩子得到十二分（最多三个），每得一枚勋章得五分。这对已经被派去执行占领任务的部队，比如第九十七步兵师并不适用，但确实是一个希望。祖父估计他当时大约有四十分，但在欧洲时他得到过一枚铜质勋章，不过还在等消息。他想，如果受到嘉奖的消息传来，他到日本后不久就能回去了。

很巧，赫德上校立即掉头走了。船于九月二十四日在横滨靠岸，赫德沿着跳板走下来，碰到日本的国土，可以说他到过日本了，然后就走了。九十七步兵师的其他人去了熊谷的空军自卫队基地，那里位于东京西北四十英里处，他们建起指挥部，准备执行占领任务，没有一个人欢迎他们，情形令人绝望无比。“第九十七步兵师可能是整个美国军队体系中最悲惨的作战单位，”当时的一份军队出版物上这么写道，“每个人都相信他们一定会在日本待上两年。”

祖父刚刚在熊谷安顿下来，就觉得快崩溃了。木结构的营房很冷，大老鼠在房椽上跑来跑去，大个子用它们练习打靶。食物非常难吃，祖父得用三得利威士忌和日本啤酒调制成锅炉厂鸡尾酒喝下去，让他的味蕾失去知觉后，才能把食物咽下去。远离家人、前途未卜、住处肮脏，这三者分别让他心烦，共同作用时让他情绪失控。他感到茫然，“仿佛一个人看着另一个人，两个都是我自己”。作为一个精神病医生，他知道人格解体障碍是什么，但真的亲身经历时，却觉得十分恐怖。

过了几天，情况没有好转，他担心会失去控制，当他明白他无法向任何人求助时，就更加焦虑了。他毕竟是精神病医生，如果他救不了自己，就没人救得了他了。

占领军队于一九四五年十二月十二日逮捕了大川周明，有关人士将他从东京西南郊区的家中带出来，送往巢鸭监狱。大川周明知道他们要来，一整个早上都坐在火炉边，凝视着从房子下面流过的中津川，雾气垂得很低，似乎和火炉中冒出的烟混在一起，他喜欢这样的气氛。前一晚，他的邻居为他举办了一场盛大的告别聚会，似乎他是一个即将奔赴战场的士兵，而非一个就要去坐牢的罪犯。“去巢鸭监狱和去打仗很像，”他后来写道，“对日本人来说，上战场意味着做好永远不再回家的准备。”

日本投降后，麦克阿瑟上将把这个国家转变成一个非军事化的民主国家，麦克阿瑟把总部建在皇宫对面的一栋房子里，这个动作的象征意义非常明显。为了配合《波茨坦公告》中“严惩”战犯一条，麦克阿瑟首先拘捕了战时的日本首相东条英机。盟军士兵到东条家的时候，发现他用枪打穿了自己的胸口，但没有打中心脏，美国人为他输血，他的情况就稳定了(“我不想在征服者的法庭上接受审判。”据说他在忍受着痛苦时这么说道）。后来被拘捕的人社会和政治地位都越来越高，天皇的前任顾问木户幸一伯爵坐着豪华轿车到达监狱，但昭和天皇本人没有来。

巢鸭监狱占地六英亩，四周围着铁丝网，紧靠池袋车站，盟军的狂轰滥炸摧毁了那个区，但不知怎的，监狱却完好无损，娼妓在变成废墟的街道上游荡，和盟军士兵一同消失在巷子里。监狱共有六个主要区域，美国记者将之称为“一片灰蒙蒙的正方形三层建筑，萧瑟丑陋”，可以容纳大约一千五百名囚犯。战时，这里是臭名昭著的关押政治犯的地方，墙壁上血迹斑斑，墙角结满蛛网，一个于战后最先被关进去的人说，充满着“不可言说的人体臭味”。然而到了秋末，那里被翻修一新，彻底改头换面，许多人开始把它叫作巢鸭酒店了。

像大川周明这样新到的囚犯首先要进入体检室，他们被要求脱光衣服，从头到脚撒上DDT粉末。每层楼都有两排，每排十二间牢房，走廊中间是一个铁栅栏，狱卒能从楼上看到下面，也能从楼下看到上面。每个牢房里有一张可折叠的书桌，上面放着脸盆，有一个马桶、几张床垫、两条毯子和几条棉被。囚犯一起洗澡，在建筑物中间的院子里一起锻炼，他们之间的交流方式出人意料：平民出身的人发现他们身边站着帝国的军官、贵族和政府要人，经常可以看见一个囚犯向另一个囚犯鞠躬表示尊敬。

尽管大川周明之前已经做好了把监狱当作战场的准备，但他开始发现巢鸭监狱的生活是一种不错的改变，他有点担心家中的妻子，不过有女佣照顾她，而且他也没有孩子。事实上，他很高兴能和老朋友再度会面。桥本欣五郎上校是一九三一年三月政变时的同谋，他在那里；外交官白鸟敏夫和松冈洋右也在，他们在大川学院讲过课；敌人兼友人东条英机也在。开始时，大川周明觉得监狱生活比家庭生活还好。

大川周明那时还不知自己的命运将会如何，说实话，盟军控方也不知道，囚犯私下认为东条英机之类的人会接受审判，但不知谁会和他一起受审。一九四五年十二月，控方才开始建立每个囚犯的档案，他们知道应该特别关注在延续日本“侵略性的战时政策”中扮演关键角色的人物，从入侵满洲里到珍珠港事件，他们所缺乏的是“确凿证据”，他们的许多头绪不过是猜测。

当时有一份文件，日期不详，表明了美国情报的局限性。文件中正确地指出大川周明是“宣传‘亚细亚主义者之亚洲’这一主题的最强大、最持久的声音”，但没有指出他在一九三一年政变和一九三二年暗杀中扮演的角色，却错误地猜测他在一九三六的军事暴动中做了些什么。检控官在东条英机的私人物品中发现了一封大川周明的信，大惊小怪了一番。尽管这是他们两人的绝交信，但盟军认为这证明战时他们“从政治的角度上说非常亲密”。一九四五年十二月十九日，监狱方面把他的牢房挪到了一楼，这里通常是关押低级囚犯的地方，也说明他们不知道他属于哪一类。

部分原因是因为调查人员对他们的工作严重缺乏准备，在大川周明的第一次审讯中，翻译的日语水平比大川本人的英语水平更加糟糕，许多次，他觉得不如直接用英语回答问题更有效一些。翻译一度自己插话，更反映出他没有经验。大川对一个问题的回答是“不知道”，翻译回答：“不知道不算回答。”

“你是谁？”大川反问。

“我……是翻译。你不知道吗？”

“当你说‘不知道不算回答’时，你是在翻译谁的话？”

到了一九四六年初，巢鸭监狱中的情形变得很符合大川周明一开始的预期了，像战场。他吃得不好，他没有分到足够的饭，他有蛀牙，不能吃苹果，把它们给狱友笹川良一，交换橘子和香烟。两人看了新闻中关于悬而未决的战犯审判的报道，开始讨论起来，监狱里很多人都看到了。笹川良一肯定审判“既不会公正，也不会开放”，大川同意。一九四六年一月十七日，他对笹川良一说，他确信有关方面认为他是个麻烦人物，想把他关在监狱里。要关多久，又是为什么，只能任凭猜测了。

祖父的人格解体症状持续了好几天，毫不夸张地说，他觉得灵魂出窍了，好像他和他的身体是两个东西，互相审视着对方，好像生活一半是现实中的梦境，一半是梦境中的现实。

他在熊谷市的师基地里找到了他的朋友达菲，把自己面临的问题说了出来。达菲当然不是精神病医生，但倾诉有助于解决问题。他们讨论了造成人格解体的根源，为什么一个贾菲少校可能会看着另一个贾菲少校。祖父谈起他来到日本，把家人留在美国时，他忽然明白了，他是在继续效忠国家和继续过自己的生活之间摇摆不定，这样的冲突不可能轻而易举地调和。自从珍珠港事件的消息传出，他就挺身而出保卫他的国家，但现在，他觉得他已经尽力了，而军队迟迟不让他复员，其中理由，说得好听点是粗心，说得难听点是不公，最重要的是他没有得到合理的解释。

他最终明白了，他和他战时治疗过的士兵一样，患上了战争官能症。“最终让他们每个人挺过来的爱的力量，是对于战友的强烈情感，强于使他们发疯的仇恨和恐惧。”他后来写道。和达菲谈话后，他感到了平静，也就足以驱散他自己心中的恐惧了。

然而，还是没有什么能分散他注意力的东西，他到被占领的区域去巡视，了解士兵的情况，安慰那些和他一样迫切想回家的士兵。一些人到东京银座的商店里去，但整座城市弥漫着死鱼和烟雾的味道，他们一到，商店里的和服、丝绸和玩偶就都卖完了。许多人都转向艺伎，但传统艺伎表演中的优雅已荡然无存，根据当时军事报纸的报道，“可想而知一切都是最低级的”。高层军官允许士兵每个星期买六瓶啤酒，而不是三瓶，或许是他们明白了食物本身到底有多糟。

每个月，越来越多的医务官成群结队地出去，把工作交给留在军队里的人。十一月中旬时，由于人手紧缺，祖父不仅是精神病医生，还成了外科医生，他的第一个任务就是治疗在士兵中迅速蔓延开来的性病。染上梅毒的士兵在医疗营里接受八天的青霉素治疗，染上淋病的通常是两个星期内不得离开军营区域。由于无法控制传染，祖父亲自去察看了风月场所，女孩们很可爱，不可能有办法阻止士兵接近她们，所以他开始治疗染上性病的女人，试图正本清源。

一九四五年十二月，总部宣布凡是得分超过五十五分的士兵可以复员，同月，八十七位军官和一千五百名士兵收到调离的指令。祖父却没有这么幸运。同时，士兵纠缠他，要他出具精神证明，以便让他们退伍，他们不知道他也很渴望回家。

大约是那时的一天，祖父发现他为什么迟迟没听到那枚能让他加分复员的铜星勋章了，事情是他的老战友弗雷泽说的，弗雷泽是三二二医疗营的人事副官。祖父是欧洲战役结束后被提名为勋章候选人的，但哈尔西上将从来没看到过推荐信，因为赫德上校先自行处理了，他没有把推荐信转交给哈尔西上将，目的是为了报复祖父在西雅图时对小医生所做的诊断和夜晚外出。这件事让我的祖父非常崩溃，微不足道的误解改变了他的生活，更重要的是他的精神状态越来越不好，两者都让人痛苦。

祖父想了想，觉得可能还有一线转机，如果是赫德私藏了推荐信，就意味着哈尔西从未正式否决推荐，现在赫德退伍了，他可以再次尝试。命运之神似乎的确眷顾他，现在医务官的长官是阿佩尔少校，也从乔治·华盛顿大学医学院毕业，和祖父是校友。阿佩尔本人因在城堡和清理站中治疗伤员而荣获铜星勋章，他同意再次提交一份推荐，祖父看见了希望。

他只需要想想旧日的战友就能重新变得乐观，安斯沃思和吉列特都因在欧洲时的表现载誉而归。安斯沃思在城堡中把病人送到各个不同的医生面前，因此得到勋章。吉列特曾是赫德的第二把手，是个有能力的急救人员，因为在向鲁尔地区推进的过程中所做的工作受到嘉奖。祖父把他自己和战友进行了一番比较，觉得信心满满，他们能做的，他都做了。

不幸的是，哈尔西上将已经不再有发言权，他被调离了横滨，他的继任者是赫尔曼·克莱默上将，也就是说推荐信将由一个不了解祖父工作的人来审阅，更不用说此人对祖父作为一个外科医生没有留下深刻印象。克莱默说，祖父在服役时的表现“值得赞许，但不值得嘉奖”，推荐被拒绝了。他没有别的选择，只能等待时机成熟，希望时机能赶快成熟。

一九四六年一月末，大川周明还在想着他的命运将会如何，麦克阿瑟上将宣布了《远东国际军事法庭章程》。此后，首席检察官约瑟夫·基南和他的手下开始在巢鸭监狱的犯人中选出一小群人，作为东京审判中的甲级战犯。基南他们很清楚自己想要什么。首先，根据章程，他们剔除了所有不符合“反和平”罪名的人；其次，他们确保挑选出来的被告中，在一九二八年到一九四五年间，担任各种职务的都有；最后，他们只起诉那些无懈可击的案子，用律师索利斯·霍维茨的话说：“这样就不会因为粗心大意而放走任何人了。”

接下来的几个星期中，控方开始了声势浩大的文件和证人搜集工作，这并非轻而易举的事，许多文件在日本投降后被烧毁，上百个关键人物自杀了，包括战前的首相近卫文麿。然而，大川周明是个公众人物，他尤其无力抵御调查。调查员把他这些年来写过的所有的书都从东京帝国图书馆的书架上拿下来，他们信誓旦旦地宣称他参与了满洲事变，且是亚细亚主义运动的领导者之一。到一九四六年三月初，检察官已经搜集了足够的证据，证明大川周明是日本帝国崛起中最有影响力的幕后策划者之一。

大川周明的案子交到了肯塔基州的年轻律师休·赫尔姆（Hugh Helm）的手中，他头脑敏锐，通过四个上午，总共六个半小时的审讯，赫尔姆得出结论：大川是一个作家和激进分子。审讯中获得的信息证明赫尔姆采用的手段相当高明，他设计了一个坐标轴，将所有问题按次序放进去，以证明大川一生都鼓吹日本的扩张。他表现出美国南方人的谦逊和礼貌，赢得对方的尊重。赫尔姆把大川周明称作博士，大川后来说这场审讯“令人愉快”，但也有足够的冲突，能达成他自己的目的。

审讯的结果，是一次正式谈话，比赫尔姆本人预期中的都要顺利，两人讨论了大川对世界大战的看法（“必要的恶”）、日本的伟大使命（“组建人类的道德”）、满洲事变（他“事发前三个月”就知道了）、是否值得为政治改良进行暗杀活动（“是的”）。审讯之所以持续那么长时间，是因为赫尔姆把从一本书里精挑细选的句子念出来，让大川确认那些语句出自他本人的手笔。

当赫尔姆听到出乎意料的回答，他就从记录中删掉，大川少数几次偏题了，赫尔姆把谈话拉回来，得出他想要的结论。大川周明没有如自己想象中那样对这场战斗做好了准备，三月七日谈及他著名的美日战争预言时，他屡次缴械投降，正式审讯记录如下：

赫尔姆：在您的公众演讲和其他发言中，您是否对日本战争机器试图避免战争表示讥讽？

大川：无论我是否这么说，那些都是我的想法。

赫尔姆：请回答我的问题。

大川：我不鼓吹任何东西。

赫尔姆：我不是这个意思。

大川：所以，我不鼓吹什么，但我的想法可能是，那些仍旧是我的想法。

赫尔姆：您竭尽所能发表演讲和文章，讥讽日本战争机器避免战争的努力，是这样吗？

大川：不是，我不鼓吹任何东西。

赫尔姆：我没有说您鼓吹什么，我说您是人民的领袖。

大川：是的。

赫尔姆：那么对于我之前的问题，您的回答是“是”？

大川：是。

大多数情况下，大川周明似乎很好对付，甚至有点奴颜婢膝，十分奇怪。他不反抗，最重要的原因是他没有意识到盟军检察官把他的行为看得那么严重。第一次审讯前，他觉得他只可能因满洲事变遭到指控。当他明白赫尔姆把他视为整场太平洋战争中最关键的鼓吹者时，他感到震惊万分，然后害怕了。出席三月九日的审讯时，他带了一本本子，其中详细记录了他战前试图与美国开展贸易往来的种种活动，效果却适得其反。大川周明认为自己是想阻止战争；在赫尔姆看来，这不过是企图先联合亚洲，再发动战争。

整个审讯过程中，双方频频就此问题产生误解，他们对于战争的认知有着天壤之别：大川认为把亚洲从白人手中解放出来这一目的是正当的，他从未否认过自己的立场；而赫尔姆将他的理想视为征服世界的野心。结果就是，双方的对话前言不搭后语，好像是一幅漫画中的情景，两人都各自以为自己占据了上风。

赫尔姆：实际上，您一生所做的努力，就是实现泛亚细亚主义吗？

大川：是的，但因为战争爆发，这成了泡影。

赫尔姆：但您知道，要达成目的，您终有一天要对美国和英国开战。

大川：是的，我认为他们不会按兵不动，让我们如愿以偿。如果他们自发地解放东亚人民，就不需要打仗了。

赫尔姆：但您知道他们不会，因此希望日本做好开战的准备？

大川：是的。

审讯结束后，赫尔姆确定大川周明符合甲级战犯的每一项条件。一九四六年三月十五日，他给控方首席英国律师阿瑟·科明斯·卡尔发了一份简报，称大川周明是“军事极端主义者的精神支柱”。五天之后，情报官员T.P. 戴维斯中校说大川周明一生都在鼓吹大东亚使命，因此他比东条英机更应该对战争负责，这表明卡尔简报中的内容已受到正式认可。

“我主要感兴趣的是让他受到制裁，”戴维斯说，“许多日本人都指着他的鼻子说：‘你不能就这么放过他。’”

一九四六年三月二十一日下午，在检控团执行委员会的一次会议上，赫尔姆递交了嫌疑人大川周明的报告，报告总共二十二页，扩充了许多内容，多数是来自审讯，报告确凿地证明大川周明犯有审判章程中定义的“反和平罪”。赫尔姆总结说，全面的证据表明大川周明是同时代人中“罪孽最深重的罪人”。

东条英机及其幕僚上台之前很久，大川博士就忙着发动流血政变，决心让日本去执行那邪恶的拯救使命。

执行委员会立即同意把大川周明的名字列入起诉书中。

一九四六年初，祖父感觉除了他本人以外，所有的人都回家去了。首先是他的哥哥，伊莱·贾菲驻扎在太平洋战区的某地，也无法接受战后的生活。“复员无疑是很打击人的精神的事情。”他在给妻子维尔玛的信中写道，那时是十一月初。他在马尼拉第四综合医院见了一位精神病医生，他表现出的人格解体症状与他的弟弟几乎一模一样，如同两人是被基因纽带绑在一起的。事实是，在伊莱的想象中，他变成了他的弟弟，那个叫作丹尼尔的精神病医生，或许以此自行寻找应对每况愈下的精神状况的办法。

但伊莱的情况还在恶化。圣诞节时，他给维尔玛寄了一封信，信中写满了对生存的恐惧和毁灭感。“亲爱的，不要让我的命运降临到你的头上。”他写道。他鼓励她继续生活下去，结识其他的男性，寻找幸福。与此同时，他写信给丹尼尔求助。

祖父在回信中写道，对于像他那样的士兵而言，焦虑是很正常的。他解释说，虽然身为精神病医生，但是也无法免疫于对未知之事的恐慌。伊莱没有考虑到的可能是，有这么多士兵来求丹尼尔让他们回家，这让他感到多么厌烦和气愤。他们说他们吃不下，睡不着，精神焦虑，他们想回家。好吧，他本人也想回家。当伊莱收到那封充满温情的信时，精神科已诊断他患上“慢性焦虑症”，登上美国海军一艘名为“希望号”的船回家去了。

第九十七步兵师的士兵也要回家去了，新年以后大批大批地回去。一九四六年一月，大约一百五十名军官和五千一百名士兵接到回国的命令，他们每人都有四十五分以上。二月，又有四十多个军官和大约二千一百个士兵回国去了。那个月共授予了二十七枚铜星勋章，亚伯勒中校也得到了一枚，他一直在离前线很远的清理站中工作。很快就传来消息说，到三月末，整个第九十七步兵师将不再是现役部队了。即便这样，也不代表所有人都能退伍，许多人将被调遣到其他的作战单位。

一九四六年三月三十一日，第九十七步兵师正式宣布解散，祖父和其他一些人仍滞留在日本。就在那时，几个星期来困扰着他的噩梦更加可怕了，他站在码头上看着船起航，有时是火车驶离，不过基本的场景是相同的，他当时的精神状态不需要弗洛伊德来破解。“这段时间我很痛苦，”他后来写道，“创伤是完全相对的一个概念，战斗的创伤无法言说，但分离的痛苦不同。”他当时不可能知道，同样的梦境将伴随着他许多年。

四月，祖父加入东京的第三六一驻地医院，那里是占领区的神经精神科治疗中心。医院位于隅田川东岸，隅田川汇入东京湾，桥对面还有些市中心的残迹。东京在一九四五年的盟军轰炸中几乎被夷为平地，百分之六十五的住宅被毁，无处可去且饥肠辘辘的士兵和寡妇以及孤儿一起躲在火车站或废墟中。隅田周围是一片片的碎片，碎片中偶尔出现一栋完好的建筑，好像是有人刚提着一台割草机掠过城市上方，但由于懒惰，把几块地方遗漏了。不时有几具尸体被冲上河岸。

第三六一医院所在的大楼是少数剩下的建筑之一，对于祖父这样热爱大自然的鹰级童子军来说，那是个不错的地方。军官俱乐部外面有一座日式花园，里面曲径交错，池塘上有一座小桥，尽头有一座五层的宝塔，每层都有上翘的屋檐，四周由石灯笼围着。宝塔内放着许多小木盒，里面装着一九四五年空袭中丧生的人的残骸。宝塔前方凸起的地方种着一片樱树，通常是四月初开花。

但这些美丽的景致无法缓解祖父的悲惨处境，对于他来说，构成生活的，是白天草率的诊断和晚上的噩梦。军官俱乐部提供酒吧、钢琴和木地板的舞厅让大家分散注意力，但除了原第九十七步兵师的牙医比尔·希尔，祖父没有可以做伴的人。他调到第三六一医院后，医院里原来的精神病医生就能回家了。那是个从巴尔的摩来的医生，他后来才认识的，这个人一直感谢他来顶替，他来时则想知道自己是不是最后一个留在日本的精神病医生。

一九四六年三月末，甲级战犯大川周明正在等待审判，他那时在看爱德华·吉本的《罗马帝国衰亡史》，他失眠，要吃安眠药，做奇怪的梦，其中一次，他梦见麦克阿瑟，醒来后他觉得他的母语是英语而非日语，就更加频繁地说英语了。另一个梦中，明治天皇用“打雷一般的声音”让他好好看看日本所受的创伤。大川周明认为这是在提醒自己，巢鸭监狱不过是另一个战场，换句话说，要诉诸武力。

“我很清楚敌人的终极目标——企图重写明治以后的历史，我必须尽己所能反抗他们。”他后来写道。

和大川周明同住一个牢房的是松井石根，南京大屠杀便是在他担任指挥官时发生的，他要为此负责。但大川很仰慕这个狱友，觉得他谨慎而沉稳，这样的人是很少的。松井石根是亚细亚主义的忠实拥护者，他曾写道，让他感到最遗憾的，便是未能让亚洲重生。两人是在大和会里认识的，这是大川一九三七年出狱后成立的一个旨在促进日本文化的社团，在巢鸭监狱的牢房中，两人的友谊焕发出新的活力。

很快，大川周明和松井石根就成了形影不离的朋友，他们一起吃饭，一起在院子里散步，一起消磨时间。松井石根教大川周明看汉诗（中国古典诗歌），大川表现出浓厚的兴趣。他们还一起拜佛。松井有一张兴亚观音的照片，他把观音菩萨和亚洲复兴结合起来，做了这么一尊神像，是用南京的黏土烧成的。他们还搭了一个小小的神龛，每天早晨和晚上七点准时朝拜，由于声音太大，让其他犯人觉得很烦，朝他们大喊，让他们小声点。

四月末，狱警把松井石根换到其他牢房，两人被拆散，大川周明的行为越来越怪异，他走到哪里都只穿一件汉服和一双木屐。松井石根被换走后两天，大川周明爆发出一阵狂怒，必须给他注射镇静剂才能让他安静下来。他的视力本来就很差，现在更差了，已经不能看书。他用日语、英语和音标写成的德语在他那本《写给历史学家的世界史》第十卷的扉页上写了一些莫名其妙的句子：

谁说起大川周明就杀了他。

五月五日行刑。大川死了。

抹去大川在历史上的痕迹。

一九四六年四月二十九日，盟军检控官向公众宣布了甲级战犯名单，那天是昭和天皇四十五岁的生辰——这是麦克阿瑟的另一个象征性手段。上午八点半，囚犯集合起来高唱日本国歌。十一点，盟军宣布二十八名被告人，大川周明是唯一没有军衔，也不在政府部门供职的人。

那天晚些时候，大川周明坐在牢房里，他戴了一顶帽子，在脖子上围了条白色毯子，拿着一个小手提包，里面装着他的东西。他拦住一个叫作佐川的囚犯，那人在走廊上低声啜泣，严肃地要对方把自己的牢房门打开。大川决定他该回家去了。佐川以为这是恶作剧，就对大川说，如果要打开牢房门，就要叫狱警。佐川还在哭，过了一会儿，他很肯定听到大川高声呼叫狱警来开门。

其他的囚犯都认定他疯了。“日本最伟大的思想家的最后岁月一点儿也不令人艳羡。”佐川那时的一篇日记中如此写道。让他特别气恼的是，大川放弃了在东京审判时为日本正名的唯一机会。“离走上那万众瞩目的光辉舞台还有几分钟，他却疯了。”他写道。流言蜚语传遍了巢鸭监狱，儿玉誉士夫和佐川一样没有被起诉，但被囚禁，他也很不安。

“据说天才和疯子只有一线之隔，”儿玉誉士夫对其他犯人说，“既然他是天才，那条线是肯定会断的。”

美国警卫的同情心没有这么强，他们不再给大川周明送饭，以惩罚他的荒唐举动，还连续一周把他关在牢房里，他们透过栅栏严密监视他的一举一动。“美国军方显然认为大川博士是在装疯。”佐川写道。

大约是在一九四六年四月末，大川周明和他的辩护律师大原信一会面。此人是清濑一郎推荐来的，清濑是日本最优秀的辩护律师之一，在五一五事变审判时代表大川出庭（也是东京审判时东条英机的首席辩护律师）。大原信一到巢鸭监狱对警卫说要见大川周明，警卫伸出一个指头点着自己的脑袋，转了一圈，表示他疯了。

大川周明穿着木屐和睡衣，坐在铁栅栏的里面，解释为什么自己不需要辩护律师。

“大原先生，这场审判是政治性的，”大川说，“就像中世纪的宗教审判，非盟军国家有罪，仅仅是因为他们的身份，所以，我怀疑您是否真的能为我辩护。”

开场白说完了，大川周明还是同意让大原信一为自己辩护，他们讨论了一会儿审判，大川担心法庭会问天皇是否对战争负有责任。（许多日本人都有相同的忧虑，麦克阿瑟相信，假如要审判天皇，就得再往日本派遣一百万兵力，所以就没有起诉他。）大川周明说英语——尽管大原信一不太听得懂，每当美国警卫走过，他就迅速改说法语或德语，警卫一走远，他又开始说英语了。

“看着他的时候，我觉得他完全没有疯。”大原信一后来回忆说。正当他怀疑时，他问大川为什么不说日语，得到的回答令人费解。

“今天是我的英语日。”大川说。

大川周明的疯癫非常奇特，在恰好的时候发病，又准时痊愈了，但最具有争议性的，是他说东京审判实际上是战争的延续，这样的想法让一些日本人怀疑，大川是否在走上法庭的那一刻，就决定不择手段逃脱了。日本畅销书作家佐藤胜于二〇〇六年出版了一本写大川周明的书，他的观点是，大川狠狠地打了东条英机的脑袋，既是一场精心安排的“智力战斗”，也是简简单单的疯狂举动。

在我看来，大川周明内心深处的想法是嘲弄法庭……他想谴责法庭的基石，它表面上是追寻事实，骨子里是在炫耀权力。他觉得把法庭审判变成一场悲情滑稽表演会更有效，比依照法学理论反驳有效得多。

我和翻译千明到佐藤位于东京新宿的临时住所去拜访他，他五十多岁，剪着板寸头，半闭着眼睛，大家都知道他每天只睡三个小时。佐藤是个复杂的人，仰慕他的人和讥讽他的人一样多，他是日本知名度最高的知识分子之一，从许多方面来看是当代的大川周明。我们分别在一张大桌子的两头坐下，桌子旁边有一个顶到天花板的书柜，过了几分钟，我把祖父为东京审判所写的诊断报告交给他。

“我觉得您通过您的祖父和大川周明联系起来，这非常有趣。”他说，“首先，我想说说我自己和他的联系，心理上的联系。”

佐藤说，二〇〇二年时，他在日本外交部的俄罗斯分部工作，他因为滥用政府钱财被捕，整个审判过程中，尽管他一直有机会认罪，换取较轻的判决，但他坚称自己无罪，他觉得他是因为政治上的原因被陷害了。小泉纯一郎刚刚成为日本新一届首相，这两个人意见不合。在监狱里等待审判时，佐藤觉得他和大川之间产生了很强的精神联系，因为他们都感觉到不义的存在。佐藤在提审时想到的，就和大川在东京审判开始时想到的一样，整个法庭就像一个装腔作势的“笑话”，大川被警卫拖走时据说也是这么说的。“那时我想到了大川周明。”佐藤说，“如果我当时就打一下坐在我身边的人，法庭上的人会怎么反应？”他想日后写一本关于大川周明的书，他在监狱里蹲了五百一十二天，出狱后开始动笔。

“您写大川在法庭上表现的那一部分，您认为他是在说‘这个法庭是笑话’，他是故意打东条英机的吗？”我问。

“很难判断，”佐藤说，“他在无意识的状态下还是有意识的。我不觉得他是装疯，但当时局面非常紧张，他可能觉得他应该这么做。”

“那他可能是疯了，但他想把他的想法说出来？”

“他是个不稳定的人，”佐藤说，“这不是所谓的发疯，而是他的精神本来就不正常。”

很奇怪，虽然我不能坦然承认，但佐藤的说法还是有点道理。战争结束后，大川周明从东京郊区平静的家里去了气氛紧张的监狱，最终，新生活的紧张让他快要崩溃了，这不正是许多前线士兵精神崩溃的原因吗？或许大川周明也像个士兵，这倒不是因为他反抗美国，而是因为他在自己脑海中的战场上崩溃了。战争的失败，美军的占领，被捕和审讯，一生对亚细亚主义的奉献化为泡影，这一切就像一场噩梦，生存的灾难，最终结果是日本被西方打败，大川的世界图景在他眼前瓦解。

祖父在日本患上人格解体症也是如此，正常的大脑经历了战争的疯狂后不可避免的结果，他意识到他自己的问题时并没有发疯，如果你发疯，就不可能意识到——像二十二条军规一样，但他觉得无法自控，在无意识的状态下有点意识。

尽管我想到了这些，但仍觉得佐藤的说法不是很正确，他完全忽略了祖父的医学报告，或许，他把他本人和大川周明的“心理联系”与祖父的经验看得一样重。从某种程度上说，这是我们处理疯癫的方式：我们无法完全理解，所以把它挪到我们的日常经验中，这样一来，界限就越来越模糊了。或许疯癫真正使人着迷的一点在于，真正能理解的人——疯人，却无法向我们解释。

第十一章

审判

根据本病例的初步诊断结果，我认为病人没有能力辨别是非，他没有能力为自己辩护。

——丹尼尔·S. 贾菲少校，

《大川周明诊断报告》，1946 年 5 月 11 日

这不是一般的法庭，是战争的延续。

——大川周明，《大川周明精神状况报告》，

内村祐之医生记录，1946 年 5 月 11 日

一九四六年五月四日，大川周明第二次也是最后一次出现在法庭上，他前一天打了东条英机的脑袋。上午八点半，大法官威廉·韦布在议事厅内考虑了一下，同意大川周明的辩护律师清濑一郎和主辩护律师贝弗利·科尔曼上尉的请求，让他接受是否具有出庭能力的检查。控方和辩方分别指派一位精神病医生，如果意见不合，法庭将再指派一位仲裁人。上午的审判中，韦布大法官向在场人士宣布了这一决定，并把大川周明从被告席上撤下来。大川离开时高声胡言乱语。

那天上午快十一点时法庭休庭，大川周明和其他被告一起被送回巢鸭监狱。路上，他说，他在东京一间名叫尾鹫的艺伎馆预订了餐桌，邀请大家和他一起去。“天皇会大驾光临，你们为什么不来呢？”他说。看到没有一个人有反应，大川怂恿似的加了一句：“他会付钱的。”

大川周明对其他被告说，他已经晋升为美军少将，就是说成了巢鸭监狱总管罗伯特·哈迪上校的上级。“所以从今往后，你们在监狱里要听我的命令。”他说。

那天晚些时候，他住进了三六一驻地医院的精神科病房，那天是星期天，晚上下起小雨。在病房里，他把烟灰弹得到处都是，对护士颐指气使。不过到了夜晚，他睡得很好。

几天后，祖父到检查室时发现大川周明已经在等着了，他们两个人的形象构成了奇怪的画面：一个是个高瘦邋遢的五十九岁的日本人，戴着厚厚的眼镜；另一个是比他矮半英尺的三十一岁的美国人，穿着笔挺的制服。大川周明热情地和他打招呼，好像是看见了老朋友。他和在法庭上一样说着奇怪的话，他说他不再需要吃饭了，因为他发明了一种方法，能把空气变成食物。他说他和美国棒球联盟的专员哈皮·钱德勒很熟，问我的祖父是否也认识这个人。他说他“快乐似神仙”。

很明显，是欣快症的症状。祖父一开始就注意到了这一点，把它写进了正式报告中，他不拘小节，有些邋遢。

大川周明稍微平静下来后，祖父问起他的个人经历。房间里有个翻译，但无疑他还是时不时说英语，他自从梦见麦克阿瑟后就是这样了。他清晰而准确地描述自己的生平，他于一八八六年出生于本州岛北部的一座小镇，他是个早慧的学生，对古典学和宗教学特别感兴趣，不过也是一种威胁。他会说很多种语言，有一个印度哲学学位，一个殖民研究的博士学位。

他用警惕的态度合作，谈话时会不由自主地紧张。

随着谈话的继续，大川周明解释他年轻时的学习激发了他的民族主义情绪，他觉得必须通过写作和别人分享他的热情。他承认他在满洲事变中扮演的角色，也参与了一九三二年刺杀首相的阴谋，为此他被判处五年监禁。

他的话语连贯，回答直接。

简要回顾了大川周明的经历后，我的祖父问他的疾病史。大川说他三十三岁时感染过性病，那是他第一次尝试性行为，但现在他的生殖器没有病变，已婚无嗣。他一直抽烟、酗酒，有时抽鸦片。除了他父亲是个酒鬼外，他的家庭成员中没有人有疾病史。他的母亲还健在，当时八十一岁。

没有明显的注意力分散或神志不清。

当谈话的内容从身体健康转到精神健康时，大川周明有点生气了，他不喜欢别人质疑他的智力。他承认他拥有某种奇异的力量，但他说那只是因为他获得了自然的启示，比如他坚称他要杀死一个人的话，只要吻他一下就行了，因为他在吻对方时，是吸取了空气中的元素，把有毒的抽取出来。他说，他用这种方法杀死了两个中国人，但还得再杀害几百人，才能检验这一机制的有效性。

他的情绪对他的情感而言很正常，对他的处境而言不正常。

大川周明接着说，他还拥有更强大的力量，能一次杀害一百万人，他一直对此保密，但是他说只能把这件事告诉麦克阿瑟。他们两人联合起来，能把世界改造成天堂，所有的人都是兄弟，信仰一种宗教。如果麦克阿瑟不相信，他也不会试图说服他，留给上帝去裁决吧；但如果他同意，美国和日本可以在七月四日那天结盟，共同统治世界。大川周明说，首先，有必要将他指定为天皇。

他的很多话是无稽之谈。

祖父问大川周明是否有幻觉。“是启示。”大川回答，他有点愤愤地纠正祖父的用词。他说，他在监狱里时曾把这些写下来，回到家里看了又看，整整两天笑得停不下来。他说，他很肯定自己成了世上最著名的幽默大师。祖父请大川周明多说一些他的这段经历和他获得的启示。大川说，当他闭上眼睛，他眼前出现的景象如同梦境，但他并不身临其境，他不参与，不过是个旁观者。

祖父问大川周明为什么要在法庭上打东条英机。大川说，他想杀死东条英机，因为自己深深地爱着他，想保护他的家人免受审判的羞辱。他说，他真的杀死了他，他承认他确实还活着，但是“主观上和象征性”地被杀死了。

这样的话似乎模糊了深刻和荒谬之间的界限，但过了一会儿，大川周明说了一桩他住进医院后发生的怪事。他说麦克阿瑟太太来探访他，带了一万个女人来照料他，他说他深受感动。祖父耐心地听着，发现大川周明热泪盈眶。

这是他在演戏吗？或是精神失常的表现？祖父回想起他如此自问。

就在祖父为控方做检查的同一周，一位名叫内村祐之的日本精神病医生为辩方做检查，他是东京大学的医学教授，和我的祖父一样注意到许多怪异的行为。大川周明蓬头垢面，说起话来（经常说英语）手舞足蹈，每次问到他的精神状况时，他的脸色就由晴转阴。内村认为大川的克制力丧失殆尽，但还有一点自我约束的能力，他将之称为轻躁症。大川周明幻想的离奇程度在内村准备的一份声明中可见一斑：

“我得过三次诺贝尔奖。我忘记了我论文的主题，因为年代太久远了。我脑袋里已经有了制造原子弹的方案。

“我能踏在水面上行走，你只需要把你的身体变成真空的，像耶稣一样在水上行走是最简单的事了。

“我四十岁的时候知道怎么用甘地制造幻觉。我听见耶稣和穆罕默德在空中呼唤我，我想去，但如果我去了，我就会死，无法效忠我的国家，这就是我在手腕上系一条绳子的原因，那样我就走不了了。

“昨天我问麦克阿瑟太太：‘妈妈，昨天晚上您和麦克阿瑟行了几次房？’她责备我说：‘坏孩子，坏孩子。’

“还有关于食物的问题，这没什么可担心的，中国有四亿头羊，我过去用异氰酸毒死它们就行了。”

很奇怪，正是当大川周明谈起东京审判的时候，他的呓语中显露出一些隐秘的洞见。“审判是策略，”他对内村说，“假设一个人投了一个球，球掉到地上，然后我们看见球停下来，但实际上它会在惯性的驱动下再滚一段距离。同样地，战争还在继续，这不是一般的法庭，是战争的延续。”

内村和我的祖父一样，不相信他们所听到的一切。当他想到那些话语中的荒谬，以及说话人诚恳的态度时——大川周明是个智力超凡的人，他不得不寻思，这些话“是开玩笑，还是刻意为之”。

做完精神检查后，祖父立即开始做身体检查，现在他有用武之地了，毕竟他的专长是神经学，不是精神病学。根据他的测量，大川周明的血压高至一百五十，低至五十，然后他用听诊器听了听大川的心脏，心跳频率正常，但有一处发出高分贝的声音，是主动脉瓣闭锁不全的典型表现。大川周明的心脏有问题。

第一项重大异常是在反射检查时发现的。大川周明无疑是坐着的，祖父找到他左腿膝盖深层肌腱所在的位置，用小锤子敲了敲，他踢了一下腿，但反应很弱，有点延迟。他又敲了敲他的右腿，这次一点儿反应都没有。当我的祖父轻敲大川的脚跟时，他的脚也没有反应。上肢有反射反应，但也很弱，就像左膝一样。祖父请他站起来，并拢两只脚，他微微摇晃了一下，表明肌肉无法协调，或称共济失调。

祖父想到了一个可能的原因。

他接着检查大川周明的眼睛。他拿着一个小手电筒在大川面前闪烁，观察瞳孔的反应，大川周明的瞳孔有点异常，也没有做出应有的反应，即随着亮光缩小。当他把手指从远到近移到大川的面前时，大川才眨了一下眼睛。祖父观察到这些异常，他的猜测变成了确定的结论。

祖父做了最后几项检查，包括胸透、心电图、抽血、脊椎检查，然后把样本都送到化验室。体检做完了，他们的下半生也静静地开始了。

一九四六年五月十一日，祖父开始写大川周明是否有能力在东京审判上出庭的报告，那时他心事重重。他像往常一样担心自己是否会无休无止地服役下去，不过那一天，这或许不是唯一让他心烦的事情。那天是他三十二岁的生日，也是第二个没有妻子和孩子庆祝的生日。小哈利只有三个月，只见过他的父亲一次。我的祖父母的结婚五周年纪念日快到了，祖母患上甲状腺低能症，无法亲自照料孩子。她给红十字会写信，问他们是否有办法让她的丈夫回家。祖父或许觉得帮大川周明体检是不错的分散注意力的方法。

不过，也许这也不能让他不去想家里的事。他依然保留着在沃尔特·弗里曼神经学诊所里所记的笔记，他会永远保留着，即便他不必再去查阅，他不必查阅任何东西也能记得他拿着携带疟疾病毒的蚊子在圣伊丽莎白医院里走来走去。回到华盛顿后，治疗那些和大川周明表现出相同症状的病人，他不用查笔记也记得在医学院里听来的打油诗：

有个孟买来的年轻人，
以为刚治好了梅毒，
他患上了脊髓痨，

他的孩子小得细如军刀，

他觉得他是春之女王。

祖父最后一次查看了病人的所有症状，它们都指向同一个结论——性病，那些极其可笑的幻想，或是极其风趣，或是隐藏着一些奇特的洞见，都可能来自于性病。大川周明所说的“启示”，字面意思是看见和听见了不存在的东西。反射反应微弱或根本不存在。瞳孔异常，无法对光线做出反应。化验结果证实了祖父的猜想：华氏和康氏检测（译注：均是梅毒检测）呈阳性，脊髓液中有一条金色曲线。两种结果分别是疾病的表现，一同出现，更是毋庸置疑的证明。

他在第一页顶端打上“诊断”二字，开始写报告了。

大川周明的脑部受到梅毒感染，医学术语称为“三期梅毒”，也就是说到了此种疾病的第三阶段，有时亦称为“全身轻度麻痹”。染上梅毒若不及时医治，病毒经常会缓慢地向上入侵大脑，那时下半身的症状已经完全消失了。一旦进入后，病毒形成螺旋菌蚕食大脑，留下一个坑，会越变越大，如果不治疗终会致命。大川周明说他是二十五年前染上梅毒的，但这一点关系也没有，病毒入侵常常要花上几十年。如果大川周明发疯的时间不是正好这么巧，那他的病会走到这一天是再正常不过的了。

有人悄悄地议论大川周明是装病，这让祖父有所怀疑。“我不得不承认，尽管上述证据详细而充分，但可能麻痹确实是一场骗局。”他后来写道。幻想和共济失调是可以表演的，华氏和康氏检测的结果可能是伪造的，深层肌腱的反射反应是可以克制的——至少理论上是如此。但这样的骗局需要一个日本专家避过众人耳目，偷偷潜入巢鸭监狱内，教大川周明如何表现才不会引起怀疑，然后再给化验人员传个信，一切都要在美国监狱和医院中进行。

即便这些都有可能，祖父依然相信他本人的专业经验，瞳孔遇光而不收缩，只有调节反应，是他坚信不疑的原因。这是所谓的阿盖尔·罗杰森瞳孔，它得名于十九世纪发现这一症状的苏格兰眼科医生，是轻度全身麻痹的独有症状，据说是无法伪装的。

“本病人的主要诊断如下：梅毒，三期。”他写道。他简单地描述了疾病，继续写下一部分——在他看来，大川周明是否有能力出庭，一定是某种天注定的巧合，让他对承担法律责任的能力有所了解。上次是他的母亲，每当他看见一个疯子，就会想起她的面孔，即便现在她回家了，一家人都在，他却是唯一缺席的那一个。“根据对病人的诊断，我认为他没有能力分辨是非，没有能力出庭。”他打下这行字，建议立即使用高烧疗法；然后写下他的名字、官衔和职务——医院神经精神科主任；最后把纸拿出来签名。

三天后，祖父收到了他等待已久的回国命令，在红十字会的敦促下，美军以家庭状况艰难为由批准他复员了，军方允许他乘飞机，以便尽快到家。飞机在加利福尼亚降落，他从加利福尼亚州坐火车到犹他州，那里的铁路工人正在罢工，他不得不找其他办法回家。他又成了“待命士兵”了——没有作战单位，自生自灭。他搭上一架前往东部的军用运邮机，他得先到新泽西州的迪克斯堡正式退伍。

路上有一段时间非常危险，宾夕法尼亚州发生雷暴，但飞行员还是起飞了，事后祖父觉得这样冒险是多么愚蠢，他为了回家又走了多么漫长的路。或许这些表明，在他服役的最后阶段，他已经丧失了准确判断的能力，或许是表明他对飞行员的专业知识是多么有信心。

每到一个电报站，祖父都给他的妻子发一封电报。“延误，”电报上写着，“但会很快到家。”

辩方的内村医生和祖父得出相同的结论，东京审判的医学专家组达成一致，认为被告人大川周明没有能力出庭。此外，三六一驻地医院也没有能力进行高烧疗法。于是，一九四六年六月四日，法庭同意让大川周明转入东京大学医院。但韦布大法官不愿意把他的名字从起诉书上删除，因为“没有理由假设他在审判过程中无法康复”。

大川周明于六月十一日到医院，当天即开始接受治疗。接下来的几个星期中，精神科医生给他注射疟疾病毒，直至引发高烧。高烧杀死了入侵他大脑的螺旋菌，在对组织造成伤害之前被奎宁击退。一开始大川周明的反应很不理想，他吃得很少，身体虚弱，医生以为他没法再接受治疗了。他变得非常激动，要先给他注射镇静剂，才能继续治疗。他性格中的两个侧面——哲学的一面和激情的一面，好像在搏斗，像在战场上一样。

治疗于八月份结束，大川周明的精神状况却并没有好转，至少医生的报告中是这么写的。他变得粗鲁、暴力，夜晚在医院走廊里大喊大叫，他砸碎窗户，有时闯进其他病房，殴打住在里面的病人。内村医生是松泽精神病院的院长，该医院位于东京郊区，他认为平静的环境会对大川周明有好处。八月二十七日，在法庭的允许下，大川周明转入松泽医院，之前给他注射了很强的镇静剂。

接下来的几个月中，他的症状没有好转。一个记者于八月末去医院拜访，他写道，大川周明在病房的铁窗外看见了玉米地、土豆地和茄子地，还说每天早上都有一群农民聚在他的窗前，向“世上最伟大的人”致敬。他的妻子也来探望过他一次（经过医生的允许），他向她进攻，揪住她的头发要勒死她，觉得是她造成了他的所有不幸。

他住在医院西区的单人病房里，但启示仍旧接踵而至：明治天皇和他少年时的偶像西乡隆盛出现了。英王爱德华七世和美国总统伍德罗·威尔逊也来过。很明显，大川周明觉得他能和他们说话，所以他的英语水平也大大提高。

一九四六年末，他的健康状况有所起色，他的神志恢复了清醒。十月，他写了一份五百页的手稿，主题是统一全世界的宗教。内村医生看过，说：“非常美，值得尊敬。”大川慢慢康复后，内村强调说，他不需要住院，说他的异常行为是由“宗教狂热”引起的，起因是他在巢鸭监狱时读了很多佛经。年底时，来探病的人都说他正常了。

“他大大好转了。”一个记者于一九四六年十二月七日写道，“当你和他单独交谈时，大多数情况下，你很难相信这就是那个震惊世界的疯子。”

十二月初，控方着手让大川周明接受新一轮的精神检查，一些人怀疑他是否真的没有能力出庭。控方律师之一弗兰克·塔文纳重新看了祖父的医疗报告，想找出蛛丝马迹证明大川周明有能力出庭。

当他看见“他的话语连贯，回答直接”这行字时，在下面画了红线。在巢鸭监狱审问过大川周明的休·赫尔姆向塔文纳保证当时的住院记录很可靠，我的祖父在报告中写大川周明对以前的事记得很清楚。

当大法官韦布允许再次评估大川周明是否有能力出庭时，新的国际先例却已经确定了。一九四六年十月，纽伦堡审判时对纳粹战犯的审判和量刑公布了，韦布在东京法庭上说，或许有必要按照纽伦堡审判中对大川周明同类被告的量刑，来决定他的命运，他想到了两个这样的被告。

第一个是实业家和军火大亨古斯塔夫·克虏伯（Gustav Krupp）。当有关人士把起诉书交到克虏伯手中时，他们发现他已经太老了，没有能力处理诉状（他“说话不连贯，瘫痪，像婴孩一样包着尿布，偶尔骂几句”。专门研究纽伦堡审判的历史学家罗伯特·科诺特这么写道）。经过进一步考量，控方决定不让克虏伯出庭，但维持对他的起诉，如果他的精神状况允许，以后再审理。

另一个是鲁道夫·赫斯（Rudolf Hess），希特勒的前任副元首，此人在监狱里表现出狂躁症的症状，在预审时还失忆了。纽伦堡审判刚开始，他的记忆力就迅速衰退，但精确的诊断结果似乎是取决于医生的国籍。一群仇视德国人的俄国医生坚决否认他是发疯；一个英国医生觉得赫斯“严格说来”没有疯，但他丧失记忆，使得他无法为自己辩护；美国医生认为失忆不过是一种夸张，是一种辩护策略。罗伯特·杰克逊法官是纽伦堡审判中的美国代表人，认为“赫斯是自愿失忆的”。

所以赫斯仍需要出庭受审，他被判处终身监禁。

无须感到惊奇，内村医生第二次对大川周明所做的评估结果和第一次一样，他认为大川接受高烧疗法后，已从轻度麻痹症中康复，精神失常的症状虽说减轻了，但没有根除。据内村报告中所写，大川周明仍会偶尔听到一个“有着上帝般权威”的声音，召唤他学习佛经。在内村医生看来，大川虽然重拾分辨是非的能力，但他仍有可能依靠这些声音，而非他本人的自由意志做出判断。因此，大川周明不具备“出庭必备的各项素质”，他需要再接受一年或是两年的严格看护。

这次美国医生表示有异议。三六一驻地医院的赫伯特·波辛中尉和威廉·施韦克特中尉承认大川周明的判断力受损，而且还有幻觉，但他的举止和智慧却让他们深感惊讶。“他在谈论每个话题时逻辑性都很强。”他们在报告中写道。他的神经检查结果中表明他已几乎完全康复。他的瞳孔依旧无法对光线做出反应，但深层肌腱已能够反应。化验结果出现分歧：华氏化验为阳性，康氏化验为阴性。疾病正在好转，照他们的看法，大川周明有能力出庭了。

“我们认为这名囚犯对于他所受到的指控是明白的，”波辛和施韦克特总结说，“他具备为自己辩护时所需的智力和判断力。”

一九四七年四月九日，审判中的一次午餐时，韦布大法官仔细考虑了两份相左的医学报告，上一次他说法庭会再指派第三位精神病医生来打破僵局，这一次他亲自执行这项任务了。尽管大川周明的情况与鲁道夫·赫斯的情况很接近——同样对其出庭能力存在争议，怀疑其伪装，但韦布大法官明显觉得他和古斯塔夫·克虏伯更接近。和其他法官商量后，韦布宣布法庭对大川周明恢复判断力这一结论表示不满。他被正式从法庭上移除，但他一康复，就将因同样的指控受审。

大川的律师大原信一听到这个消息后松了一口气，一九四六年末他去松泽精神病院探病时，觉得大川看上去很好。“从医学角度说，他可能没有痊愈，”大原后来写道，“但他似乎完全能够在法律的语境下做出判断。”大川周明本人似乎也很疑惑，他对来探望他的花山信胜说他准备好随时上法庭。“他似乎很正常。”花山写道。

不过大川周明毫无理由地被送回松泽精神病院的病房去了，他看了波辛和施韦克特的报告，想知道这是怎么回事，但他只是更糊涂了。与大川家关系密切的一个朋友那时去探望过他，说他留了一份拷贝备用。这个人到医院时，大川用英语把报告内容念给他听，然后用日语解释了一遍。“他和我说他很好，想回去受审，但他们不同意。”那位朋友说，“他说：‘我或许对审判不满意，但我很想受审。’”

一九四七年五月，大原信一请求有关方面允许大川周明出院，回到他的妻子身边去。内村医生认为大川在位于神奈川县的家中“平静的环境里，一个人”，状态会更好。控方律师之一弗兰克 · 塔文纳听说法庭的决定后几近崩溃，他回应说，根据美国人的第二份医学报告，大川周明已经或者即将恢复理智，为了确保他一恢复就能出庭，必须继续关押他。麦克阿瑟的法务部门对此有最终裁定权，他们同意塔文纳的意见。东京审判或许把大川周明排除在目前的审理之外，但是并没有剥去他“战争罪嫌疑人”的身份。

所以大川周明还得住在松泽精神病院中，他靠翻译来打发时间。

他没有经书的阿拉伯语版，他搜集了很多其他语言的译本——英语、德语、法语和汉语。他把每个版本中的每句话逐一比较，考虑它们的意思，一点一点地把译本拼凑出来。朋友们看见堆在病房里的书时，都觉得那就是过去的大川周明了。

即便大川周明缺席，他的疯癫也大大影响了东京审判。一九四八年做结案陈词时，辩方多次提到他的病，企图全盘否定控方的指控。辩方律师声称大川周明为满洲事变提供的信息“是一个发疯的煽动者在自相矛盾”，而控方仍怀疑他是否真的疯了，结案陈词将之称为“亦真亦假的精神病”。

一九四八年十一月，距最初开庭大约两年半，东京审判结束了。十一位法官中有八位赞同主要判决，即日本策划了侵略战争。荷兰法官提出部分异议，认为日本发动的战争是一种罪行，但理由不同。法国法官完全否定，理由是审判本身有漏洞，应该让天皇也受审。

印度法官拉达宾诺德·派的异议最有力，他反对所谓的“胜者的正义”。他的意见书篇幅等于一本书，有二十五万字，比判决书的篇幅更大。和大川周明一样，他也认为整场审判就是骗局，他称其为“形式化的复仇”，认为所有的被告都应该被释放。巴尔的几条观点比这个更好些，其中一条是日本的“军国主义集团”基本不可能坐在一起策划阴谋，因为其中很多人互不认识。“这里或许有点夸张了，为的是使他们看上去更像希特勒那些人。”巴尔写道。

虽然这样，但法庭上宣读的只有判决书。尽管大川周明没有出庭，判决依然将他置于整场阴谋的核心位置，这场阴谋使其他被告的命运变得合情合理。指控的第一条内容为，日本自一九二八年来就企图控制东亚的军事、政治和经济。条文中将大川周明指为这一切的始作俑者：

> 早在一九二八年之前，本庭原始被告人之一（由于目前的精神状况被移除）便公开宣称日本应该扩张其在亚洲大陆的领土，可采取威胁的手段，若有必要可诉诸武力……他预言这一过程必然导致东西方之间的战争，届时日本将是东方的领袖。他的计划得到日本陆军总参谋部的鼓励和协助。上述计划的目的与我们所定义的阴谋的目的完全一致。我们在回顾事实时发现，阴谋者后来所发表的许多宣言，都是为了达成此阴谋，这些与大川周明早期的宣言无甚重大区别。
>
> ……阴谋启动，直至一九四五年日本战败。

从判决书中我们可以清楚地看到，假如大川周明出庭，他将和其他被告一样被判有罪，更有可能被绞死。为什么这样一个关键人物再也没有受审？这是萦绕在他的辩护律师大原信一脑海中的谜团。审判结束几十年后，大原信一给日本《朝日新闻》写了一封信，讲述自己担任大川周明辩护律师时的经历。他不明白为何负责起诉大川周明的检控官休·赫尔姆离开了日本，而不是争取更多指控。“是因为大川的精神状况吗？”大原信一问，“直到今天，我们都不知道。”

一种说法是，控方不愿意让大川周明重回法庭，是因为他们心中害怕让这么一个学识渊博的人站在证人席上。若要出庭指证，大川或许会说一些让人不舒服的事件，包括美国在东亚和英国的侵略史。他一生都在挑战西方，他或许会指出审判中自相矛盾的地方。他或许会注意到，若按照法庭所定义的“反人类罪”，理论上说美国投下原子弹，就是有罪的。菲律宾法官德尔芬·哈那尼拉是由日本带领的巴丹死亡行军的幸存者，他无法在任何一个普通的法庭上担任法官。尽管西方国家谴责日本的帝国扩张，但法国、荷兰和英国都在太平洋地区争夺殖民地。

尽管这样的说法引人入胜，但和法庭透露的信息并不符合。整个程序的本质限制了辩方可能做的辩护以及可以呈交的证据。若对某条论点产生异议，法庭总是站在控方那一边，比如法官不约而同地否认亚细亚主义是对西方帝国主义的反抗，是合乎情理的。这么一来，上述说法就瓦解了，因为控方无须担心大川周明会说出什么来，总之，法庭是什么也不会允许他说的。此外，假如控方不想让他出现在法庭上，一开始不起诉他就行了。

东京审判结束时，大川周明逃脱了，最有可能是因为人们已经对战后的正义厌倦了。一开始占领军想举行更多审判，最主要的纽伦堡审判后毕竟还有十二场，然而日本所犯下的战争罪从未像纳粹那样吸引西方人的注意。东京审判结束后，再也没有人有任何精力了。“坦白地说，公众的兴趣不在程序，而在判决。”一九四八年末，一份报纸这么写道。战后政治也改头换面了，审判结束时，美国需要日本作为东方的盟友，以抵抗中苏联盟。一九四八年十二月，仍在巢鸭监狱服刑的十九名甲级战犯被释放，许多去了战后的日本政府部门供职。

一九四八年十二月二十三日，七名被判处死刑的战犯在巢鸭监狱外被绞死，大川周明躺在松泽精神病院的病床上思考着他们的命运，他几个星期前把《古兰经》翻译完了，现在有充分的时间冥想。第二天他醒来时，发现天下着小雨，天上仍乌云密布。他打开日记本，写下死去的朋友的名字。“无论是好是坏，他们将被历史记住，”他写道，“请带着你们所做出的贡献安息。”

三点，他被告知可以出院。一个星期后，他离开医院，他自由了。

祖父的一生，从家庭到战场，都是为大川周明做检查所做的准备。所以当我一开始看他的回忆录时，他写到“我对我的临床经验和全身轻度麻痹症的诊断深信不疑”，我也毫不怀疑。但是，为了确定，也因为我带着明显的偏好，我把这份报告交给了另一个人，只有他一个人的意见可以当作参考。艾伯特·斯顿卡德医生于一九四六年中旬到达东京，那时祖父刚调离不久，他担任三六一驻地医院和巢鸭监狱的精神病医生。斯顿卡德多次到松泽精神病院看过大川周明，他或许是唯一在东京审判期间见过他且仍健在的人。

尽管已近耄耋之年，斯顿卡德仍每天到宾夕法尼亚大学医学院的办公室去上班。我从三十街火车站走出来，沿着玛克特大街，走了一小段路到那里，天下着毛毛雨。斯顿卡德坐在办公椅里，我们交谈时，他几乎没站起来过，比较喜欢用脚滑着椅子到处移动。他穿了件带铜纽扣的蓝色外套，卡其色长裤，和一双黑色球鞋，头发苍白浓密，对他这个年纪的人来说很难得。他说话的声音很轻，几乎像在耳语。

到后不久，我把祖父的检查报告拿给斯顿卡德看，他视力很差，所以得把椅子滑到一台名为 Clearview 的投影仪前才能看得清，挨下去的四十九分钟内，他一边在投影下翻页，我一边大声念给他听。他非常专注，如果我停下来一会儿做一条笔记，他就会催我快点念下去。他的助理把他的午餐——椒盐卷饼和可乐拿进来，但他动都不动。有时他能先于我把句子念完，因为他对以前的精神病学术语很熟悉。

斯顿卡德说，他觉得评估“相当准确”，如果病人的华氏和康氏血清化验结果呈阳性，而且还产生死亡之吻之类的幻觉，就足够做出诊断了。他指出，那时全身轻度麻痹症远比我们想象中普遍，任何人都不会惊讶（那时青霉素还没发明，梅毒很可能恶化至第三阶段）。据他所知，高烧疗法能治疗这种疾病，又不会给大脑带来额外的损伤，所以大川周明后来的康复是意料之中的，如果他的脑部损伤已无法痊愈，但至少可以遏制。

“让我感兴趣的是后来，人们怀疑大川是装疯。”我说。

“我知道。”斯顿卡德说。

“您怎么想？”我问，“那可能吗？”

“不可能，我不这么想。”他说，“他患的是典型的全身轻度麻痹症，产生幻觉，或许记忆紊乱，丧失判断力。”

“您觉得没有人能假装？”

“我不觉得这是假装，他不可能知道该怎么装。”

我离开前，我们谈了谈斯顿卡德到松泽精神病院探望大川周明的情形。他用德语和大川大致聊了聊宗教，尽管他本人对佛教最感兴趣。在日本时，斯顿卡德在一间寺庙里住了一段时间，每天从凌晨四点开始打坐冥想，直到晚上十一点。他关注的问题中，有一个是“什么是无？”他的办公室门背后挂着一条横幅，上面画着一个黑色的圆圈，代表无，我出去时从它旁边走过。

我走回车站时雨就停了，我在一张路标上看到一个圆圈，忽然想到了什么。“无”是寂静的、深奥的，是的，有点难以捉摸，但也存在于你周围，让你可以把握。这有点像我的祖父，也有点像他对大川周明所做的诊断。报告有两个部分：一部分是临床评估，属于医学范畴，每一行都精确、客观、毫无人情味可言；另一部分是能力评估，是法律的一部分，其中夹杂着难以解释的道德、哲学和情感，我们不知他是如何得出那些结论的。第二位美国医生的报告和盟军所希望的一模一样：虽然日本医生说大川周明不能出庭，但他们声称他很清醒，可以出庭。

战后，美国人一直抱着一个想法：公正地审判，然后处死。祖父的思路和他们不同，或许他简单地把临床医学上的发疯等同于没有能力出庭。根据事实来看，他是这么得出结论的。或许他是用理智来判断大川周明有没有能力出庭，或许他回想起他的母亲因为发疯而摆脱了谋杀的指控，他明白他的存在即是为了证明疯狂和罪孽不是一回事，然后得出结论：病人应接受治疗，而非遭受惩罚——无论这是多么打击我们对于正义的理解。我并不是说祖父怜悯大川周明，也不是说他的判断错误，我只是承认，他做出决定的过程中，有几步是永远不可知的，就像他生活中的经历一样。

我和东条英机的孙女在涩谷一家酒店大厅的茶室里见面。在日本，你初见一个人时所做的第一件事就是交换名片。东条裕子的名片和我想象中不太一样，上面画着一个卡通形象的女人和孩子，一条小狗在草原上蹦蹦跳跳，天空晴朗无云。“这是理想的家。”她对我的翻译千明说。过了一会儿，她翻开一本名叫《保持缄默：东条英机家人的战后生活》的书，给我看一张全家福。照片摄于一九四一年十月十八日，东条英机刚刚搬进首相府邸。她指了指站在他身边的小女孩，说：“两岁时的我。”

东条裕子个子瘦小、姿态优雅，有着图书管理员一般的沉静。她点了大吉岭茶，服务员走过来夸我说“谢谢”时发音标准，不过却忽略了我是喝咖啡的。她和她的祖父有点像，特别是那双杏仁似的眼睛。我想知道她对于大川周明在东京审判时打东条英机的脑袋这件事还记得多少。

“我听说他很聪明，在法庭上什么都可能说出来，所以把他送去精神病院了，”她说，“这是谣传，他太聪明了，什么都不可能说的。如果他说个不停，对美国也不利，他们有点想把他赶走。”

“您是什么时候听说的？”我问。

“审判时我们就听说了，一直有这样的传闻。”她说。

我们的茶来了，东条女士往她的茶杯里倒了很多牛奶和糖。我学着她的样子，感觉好多了。“你们在审判时就这么说吗？”我问。

“是的，那时就这么说。”她说，“没有人知道他到底是真的疯了还是在装疯。”

谣言毫无依据，不过是阴谋论而已，但我很快发现东条女士很相信这样的奇谈怪论。我们谈话时，她表示美国高层有意让珍珠港事件发生，好让美国有借口参战（历史学家总体持怀疑态度）。她坚称麦克阿瑟本人一九五一年对国会说，日本是出于自卫参战的（他的原话是：日本参战是出于“自我巩固”——远远没有那么温和）。她提议把审判的结果和学校教材都推翻，以反映日本人的历史观。她说日本是为了解放亚洲而参战，和大川周明的神圣使命不谋而合。

我很难就这样听一个人为一个发动战争的国家辩护。对一些人来说，东条裕子可能有点疯疯癫癫的（一个驻东京的记者说她是“历史修正主义中最可怕的人物，这一运动将再次导致亚洲的分裂”），但我们谈话时，我忽然想到她对过去的看法可能来源于她对家族的敬重。她出版了一本写东条英机的书，因为她想让世人知道他们自己的想法，她送了一本给我，还盖了她的祖父的印章。很明显，她一直随身带着。她创办了一个组织，专门负责把在太平洋战区阵亡的士兵尸骨运回日本，因为假如东条英机还活着，他一定会这么做。

“无论何时，人们一说起东条英机，就说他是多么残暴，说他是一个战犯，”她说，“但我母亲说我的祖父不是这样的，他是一个值得尊敬的人，我们应该为生在这样一个家庭中感到自豪。”

就我所见，东条英机相信麦克阿瑟赞同日本的战争行为也好，罗斯福在心里偷偷地欢迎日本的所作所为也好，都是她在潜意识里努力接受一个有缺陷的人的结果，除了爱戴他，她什么也不能做。如果你停止思考，阴谋论不过是让你能理解这个混乱的世界。要保持头脑清醒，我们不得不排除那些令人不悦的信息——无论这是好是坏。如果我们接受一切互相抵触的信息，生活的乱象很快会让我们崩溃。尽管眼看着一个人否认那无法否认的事实，接受那不可接受的幻象，我们感到不安，但我们多数人都会承认，在某个特定的时刻，事实和观点是没有界限的。与其用客观的眼光重新审视每件事，不如我们紧紧地抓住一种直觉，一个本能，或一条有趣的想法，这不是因为我们疯了，我们多数人不过是太清醒了，想要在这令人困惑的世界里寻找一样飘忽不定的东西，那就是答案。

就这样，我开始相信这就是大川周明在东京审判时所着迷的东西，他发疯的根源，这似乎也能代表第二次世界大战中那种可悲的、奇异的、难以言喻的疯狂。当人们看见大川周明打了东条英机一下，他们不仅是看见了他们愿意看见的，更是在战后所需要看见的。相信大川周明发疯的严肃科学家看见了理性观察的胜利；热诚的意识形态追随者看不出来为什么要否定一种正确的信仰；沮丧的爱国者看见了美国人为挽回面子而说的谎；明察秋毫的知识分子看见一个天才能凭借他的伟大走到多远；西方怀疑论者看见对世界所做的政治宣言；一般的日本人看见了巧合的时机，如同他们怀疑他们的国家能立刻发疯；情报官员看见了敌人尔虞我诈的本质。我们所看见的东西，都能帮我们继续背负着这世界的重量生活下去，好像在你的名片上印上晴朗的天空一样。东条裕子就是这么做的。

我们道别前，我又和东条裕子说起了大川周明在法庭上的行为，她大笑起来，她在审判时可不能这么笑。她觉得她的祖父的脑袋那么光，大川打下去时声音一定更响，更清脆。她说的是有人把那三秒钟从录像带上截下来，做成动态图片，放在网上。

“人们只想把时间缩短，反复观看。”她说。

现在这将进入永恒，受到争议，我想一定会的。

第十二章

东方和西方的幽灵

哦，东方就是东方，西方就是西方，二者永不交会，
直至天与地并排站在上帝的审判席面前；
可从未有东方，亦无西方、边界、种族，也可以从未诞生，
两个强悍的人对面而立，他们来自地球的两端！

——拉迪亚德·吉卜林，《东西方歌谣》，1889 年

东京审判结束后，中央情报局监视了大川周明好几年，许多特工一直认为他们眼中正义的审判把他遗漏了。二十世纪五十年代早期，有线人对特工说，大川周明正在以“泛亚细亚主义”的名义鼓动第三次世界大战，他在策划用武力推翻印度支那的法国人。在一九五三年发布的一份中情局简报中，许多人仍怀疑他是假装发疯，“发疯”一词被打上引号，好像写简报的人也同意，这种疯癫根本不存在。

审判后，大川周明确实活跃了几年，但不如美国情报官员想象中那么有影响力。他去游历日本的农村，倡议日本回到农耕时代的辉煌中去。他给众人讲解新式的稻米耕种方法，利用的是空气中的“电能”，十分怪异。那几年中，他偶尔会批评新宪政，他说那是日本

受到美国胁迫的结果，这也是中情局线人说的，但他的大致目标是自下而上地改革，建立一个全新的日本。撒播新的种子，犁除恶劣的年月，种上新的树木。

他时不时地反思在法庭上的日子和后来的疯癫，他说的话很少有一致的。在战后写的一本自传中，他承认在审判时觉得有点精神失常，但他说，这整段经历好像魔法，无法解释，“梅毒”“全身轻度麻痹”和“高烧疗法”这些字眼儿从未出现过。他说，很难说明发疯的根源到底是什么，也无法回忆起是如何康复的。

“我的精神问题，莫名其妙地治好了。”他写道。

一九五二年秋天，新闻记者来到大川周明位于东京郊区的家，那里非常宁静。记者问他是否还记得在法庭上打东条英机的事，大川说，他对这闹剧般的审判感到愤怒。“我那时或许是有点神志不清，”大川说，“但我还清楚地记得我当时做了什么。”他说，每个为他做检查的精神病医生都不认为“他的精神有任何问题”。为了证明这一点，他拿出第二份检查记录，检查是美国人于一九四七年所做。那时祖父已经调离了日本。报告中说他已经可以出庭。记者问：“既然你可以出庭，为什么不回去受审？”大川说他不知道，不过他有一个想法：或许控方害怕他会在法庭上戳穿“盟军的失误”，就“把我当成疯子，好堵住我的嘴”。

一九五七年春天，大川周明七十岁，他几乎失明了，那副从他青年时期就伴随着他的厚镜片已不再有用。五月末，他的支气管炎发作，此后不得不一直卧床休息。当他感觉生命即将走到尽头时，他开始反思自己的一生，他获得了平静：

"在历史发生重大转折之际，我生在这个国家，这里有日出和日落。在我七十年的生命中，忧虑、喜悦、悲伤、愉快和其他成千上万种情绪，如浪潮一般，无穷无尽地拍打着我的心扉，但我的心灵深处，却始终平静。"

一九五七年十二月二十四日，上午十一点四十分，这颗心脏停止了跳动。

战争刚结束时，祖父在一家为老兵开设的精神健康诊所里兼职，一边给受创伤的退伍军人治疗，一边在《军人安置法案》（*GI Bill*）的帮助下学习精神分析（译注：*GI Bill* 即 *Servicemen's Readjustment Act of 1944*，《军人安置法案》，该法案最先于第二次世界大战末期起草生效，规定给退伍的美军军人提供免费的大学或者技校教育，以及一年的失业补助）。一家人在华盛顿安顿下来，到五十年代初，家里共有五个人。祖父完成学业后在家里开办私人诊所，他把房子的一部分改建成办公室，新建了分开的入口。随着时间推移，他在顶尖期刊上发表论文，在国际会议上发言，成了华盛顿一所医学院的老师，他成了医生，完成了他父亲的心愿。

六十年代是祖父事业的高峰，他担任华盛顿心理分析协会主席，任期两年。那时适逢肯尼迪总统当政，那段时间，家人常常看见一辆黑色豪华轿车停在他们家所在的街上。根据那辆车的车型和四周配备的安保人员，孩子们推测我的祖父的病人中一定有华盛顿的重要人物。他们时常会问他那是谁，但他从来没有回答。

他的母亲活到高寿，但始终无法摆脱疾病的诅咒。有时她一个人住，有时祖父或他的一个兄弟姐妹把她接回各自家里住，有时她病得太重，他们得把她送去医院或精神病院。她去世前仍在发病。后来我出生了，那是许多年后的事，我名字的头一个字母和她名字的头一个字母相同，都是 E，但没有人告诉过我她不幸的一生。

又过了很久，祖父的孩子都长大成人了，可以换小一点的房子，他烧毁了战时写的所有信件，这给他写《战地精神病医生回忆录》带来了不少麻烦，姑姑帮他润色手稿，他们进行了一系列录音访谈，以便让其中一些更细致，更有情感。这些谈话无甚裨益——姑姑问一个问题，祖父简短地回答，和他的写作风格完全一样，祖母也在场，有时会插几句话，然后接着谈。有一刻他沉默不语，她们发现他正盯着窗外，想辨别出一只鸟来，我觉得他并不是真的想谈话。

但写大川周明的章节是个例外，他迫切地想说出他的想法。他在回忆录中写道：大川很明显想隐瞒自己的病情，没有几个人乐意承认染上过梅毒。一九九六年秋天，他为诊断结果写了一份简要的综述，寄给《新英格兰医学期刊》的编辑，他还把这份综述投给了《美国医学会周刊》（译注：*Journal of the American Medical Association*，国际四大著名医学周刊之一，目前在全世界十九个国家发行，中国大陆地区版为双月刊），但是毫无动静。

“在我看来，一点儿都不需要怀疑。”他写道。

祖父生命中的最后几年深受阿尔茨海默病困扰，他最后出版他故事的努力，也化作泡影，他也无法透露战时家信中到底写了什么秘密。他于二〇〇七年十月去世，在葬礼上，人们说得最多的就是，一个人一生都在研究人的大脑，却最终丧失了他自己的神志，这是多么大的讽刺。第二年秋天的墓碑揭幕仪式上，拉比按照犹太传统在墓碑顶上放了一块小石头。他说，石头是为了防止死者的幽灵逃离，让安息在附近的灵魂得到平静。他说，像丹尼尔 · S. 贾菲这样一位科学家是不会太在意幽灵之类的说法吧。但他依然放上了，我们也跟着他去放（译注：墓碑揭幕仪式是犹太人的传统，希伯来语中称为 matzevah，除不可在逾越节和住棚节等节日期间举行，无严格时间限制，最普遍的是死者安葬后一年举行）。

为本书搜集材料期间，我去了好几次华盛顿，父亲和我一起去祭奠祖父的小房间，把他从日本带回的武士刀取下来，分别给刀鞘、刀柄和刀刃拍了些照片。然后我们把照片导入电脑，我把它们发给一位知名的日本刀剑鉴定专家，他同意帮我看一下，告诉我们一些关于那把刀的事情。

我们把刀收好后，我能感觉父亲不想继续待下去，每次谈到一个严肃的话题前，他就会变得不自在、局促、紧张，我很了解这一点，就问他怎么了。

“呃，我们从没想到你能这么了解你爷爷的故事，”他说，“至少，你能告诉我他的诊断结果是对是错吗？”

就是这个问题，在公开场合，我一直避免回答这个问题，那时我知道我也许会伤害父亲的情感，因为我在质疑他父亲的智慧。那把武士刀旁边有一张照片，照片中，祖父穿着军装。他于一九四六年五月二十七日正式退伍，他离开新泽西州迪克斯堡后去了一趟布鲁克林，去见他的妻子和十三个月大的儿子。据说，小家伙拒不接受这个新来的人。“他不是我的爸爸，”男孩说，随后指了指照片中穿着军装的男子，“那才是我的爸爸。”

这一幕恰恰是一则关于丹尼尔 · S. 贾菲的隐喻，有些事他的家人不知道，而且永远不会知道。他是个难以捉摸的人，既高贵又内敛，可他的沉默让他成了他自己生活中的小配角，这个角色在舞台上的戏份是那么少，我们不得不借助想象来揣测和他的关系。但既然我们没有足够的详细信息，我们就不自行添加什么：偶尔说一个奇妙的单词，他就是个高明的人；偶尔发表深刻的洞见，他就是个明察秋毫的人。与其用疑问来瓦解这高明的洞见，不如让沉默凝固成一种完美和永恒的东西。

他不愿说他的生活，我们就能合情合理地创造他的神话。以那位华盛顿的大人物为例，那位在肯尼迪总统任职期间坐黑色豪华轿车、配备安保人员到来的人物。他的孩子至今仍在讨论这个问题，他们的对话通常是这样的：

“我觉得那是总统。除了总统，谁会有特工陪着？”

“我们又不知道那些就是特工。”

“或许是第一夫人。”

“或许是玛丽莲（译注：指玛丽莲 · 梦露）。”

“如果是她我会认出来。”

“你确定是个女人吗？”

“肯定。”

“或许是RFK（译注：指Robert Francis Kennedy，1925—1968，约翰 · 肯尼迪总统的弟弟，1961年至1964年任美国司法部长，

1968年遇刺身亡)。”

“我十分肯定是某参议员的妻子。”

“参议员妻子为什么有两个特工陪着?”

“他们可能是保镖。”

“参议员妻子为什么要有保镖?”

这将是永远的谜团,因为祖父去世后,我的父亲和叔父遵照他的意愿烧毁了病人记录,不过仍值得写上一笔,在那之前,他们最后一次尝试让他亲口来澄清谣传,故事是这样的:

“爸爸,我们知道有名人到我们家来。”

“有……吗?”

“是的,我们看见特工了,我们知道有某个名人来见您。”

“是……吗?”

“您真的没有哪个病人是名人吗?”

然后祖父睁大了眼睛,露出一丝嘲讽的笑容,摇摇头。

有一次,叔父叫我把这些记录烧掉,而没有先偷看一眼,是他们“至今为止做过的最光荣的事情”。很长一段时间里,我认为他的意思是,表达他们对一个人的敬爱——这个人烧毁了他自己全部的生活经历——的最好方式,是烧毁他想保护的其他人的生活。但是,过了一段时间,我怀疑他们是不愿意去考虑另一种可能性,或许他们自己都没有意识到。

他们烧掉了那些记录，或许不是为了保护病人的隐私，也不是完成他的遗愿，而是为了维护家庭成员集体塑造起来的他们父亲的形象。这倒不是出于某种不合理的恐惧，怕某个人在远处监视着他们的一举一动，而是他们害怕会找出些什么来，然后不得不改变他们原本所相信的东西。或许祖父在华盛顿时没见过什么名人，或许他不是那摇摇欲坠的家族中的中流砥柱，或许，他不过是个普普通通的人而已。这样的想法令人战栗。如同日本人在大川周明身上看见了他们需要看见的东西，我们一家人也在丹尼尔 · S. 贾菲身上看见了我们需要看见的东西。我们可以永远凝视着那把武士刀，一切都是那么完美。尽管鉴定专家给我回了信，说刀柄和刀身的黏合处看上去太新，不太像传统的武士刀，他还觉得鎺金（刀身与护手的接触部位安装的金属零件）十分奇特，刀身看上去也太平了。他说，占领期间，日本人一直做仿冒的武士刀卖给盟军士兵，虽然他很不情愿，但不得不说我的祖父很可能是买到了冒牌货。

“他当然是正确的。”我对父亲说，我知道他感觉轻松多了，因为我也是。

大川周明一半的骨灰葬于东京目黑，我对这个地方和对他本人一样好奇。墓地本身很小，竖着一块小墓碑，墓碑上方有一株日本人挚爱的樱花树，墓地对面是北一辉的墓地，他是大川周明曾经的好战友。这似乎是最理想的安排，大川是个战犯，北一辉因为参与起义被处决了。那是樱花盛开的季节，粉色花瓣飘落到墓碑上，像是轻柔的吻别，将大川周明和北一辉一同送入永恒。守墓的是一个叫作大桥的老人，他带着我和千明来到墓地前，对我们说，战后公众对这两个人的兴趣渐渐丧失了，不过最近有所升温。

“现在我看见年轻人到这里来，”大桥说，“我们的社会大变样了。”

公众对于大川周明的印象发生变化，这让我想起我研究他在东京审判上的举动时，也好几次注意到一件事：疯狂似乎也会随着时间而变化。曾经，犹太移民是疯子，仅仅因为他们是犹太人而已，然后他们或多或少成了适应陌生环境的正常人，脑叶白质切除手术专家沃尔特·弗里曼是个勇敢的人，他拯救了发疯的人，然而他所发明的手术本身也变得有些疯狂了。美国士兵会在战斗中崩溃，是因为他们意志软弱，如果压力太大，任何人都会崩溃。大川周明的精神是否健康？答案也隐匿于个人意见经过编纂的回忆和医学报告中。疯狂的历史让人觉得是由一团团无休无止的个人感知组成的。

樱花花瓣洒落在我们身上时，我想起了祖父，想起他是如何渴望华盛顿的春天，那里栽种的日本樱花树也正绽放着粉色的花朵。他或许不会同意疯狂是某种主观性的东西，会随着情境的改变而改变，这意味着精神疾病并不真实存在，然而他自小就亲眼看到它是多么真实。

我不明白的是，我想询问他的是，何时才能够判断精神病的真实性。假如你能让时间静止，停在大川周明的血样经华氏检测为阳性之前的那个时刻，那时他的疯狂是真实的吗？埃丝特·贾菲第一次崩溃和第二次崩溃之间呢？她的疯狂是真实的吗？或仅仅是没有被人发现？或者先是真实，然后不真实，又再次变真实了？变动不拘的社会性定义和确凿的临床定义，是疯狂中互相抵触的成分，我怀疑两者是不可调和的。我并不是说无法用理性去拷问疯狂，只不过理性似乎无法理解。

我对祖父最深刻的印象，来源于一件事情，他的葬礼之后我和别人说过，那是他带我去肯尼迪中心听歌剧《浮士德》。歌剧结束，帷幕落下后，他立刻冲上过道，跑向舞台。我跟着他，心想：我们可能是要找个好点的位置看演员谢幕。但当演员再次出场时，我们还在继续跑，观众起身鼓掌时，我们跑到了第一排，跑向剧院一侧的出口。我踩到一位穿着华贵的女士的脚，她狠狠地瞪了我一眼，我至今记得。当我们跑到外面，坐进车里时，我问为什么要跑得这么快，他略显尴尬地回答："为了避免交通阻塞。"

我一直觉得这件事恰好反映了祖父的性格：他是如此理性，完全无法接受一丁点儿混乱。不过这并不意味着他没有柔情的一面，如果是那样的话，他根本就不会去听歌剧，但这的确意味着他能轻而易举地掩饰他的柔情。或许他极力强调理智，正是因为他知道，假如不这么做，事情会变得多么疯狂。你抢在人潮之前去歌剧院停车场，烧毁那些写着你精神崩溃经过的信件，对幼时的创伤沉默不语，或对周围的世界冷眼相看，这么一来，生活就简单多了。你要接受这个看法——东方和西方的思维或许是不应该交会和碰撞的。

大川周明小小的墓碑后面有一串风铃，挂着一根根细长的木棒，表明他去世有多少年了。一阵风吹过，木棒互相碰撞发出声响。我在大川周明的墓碑上放了一块石头，我在祖父的墓碑上也放过，这样他的幽灵也能安息了。很奇怪，我时常把这两个人视为一体，可他们一生中，或许只共处过一两个小时。我对他们的相遇非常感兴趣，比他们本人对对方的兴趣都大得多，我忽然觉得我脑中有一个裁判，我可以一直记分，但是胜利或失败都同出一源，也都是不真实的。或许，如果我要保持清醒，就暂时不能让二者交会。我们走下山丘时，风铃的声音越来越轻，越来越轻，后来轻得我忘记了它的存在。

致谢

当你写一本书，其中一个主角从来不说话，另一个主角说的是外语，最终你必须向很多人表示感谢。首先应感谢丹尼尔·S. 贾菲的三个孩子——我的叔父哈利·贾菲、姑姑伊芙琳·施莱伯，以及父亲马克·贾菲，他始终非常支持我。他们或许不喜欢我所写的每个字，但他们尊重我所写的内容。我要感谢我的两个亲人——西尔维娅·亚伯拉姆斯和维尔玛·贾菲，若非她们生动的记忆、尘封的文件和慷慨的分享，这本书或许就不会存在。

其次，我要感谢许多老兵及其家人，他们允许我占用他们的时间，翻看文件，以完成我的调研，有时是通过面谈，有时是打电话，有时是写信。他们是（以姓氏首字母顺序排序）：哈罗德·伯格、卡萝尔·戴维斯、理查德·戴维斯、克拉拉·哈斯布洛克、小威廉·希尔、斯坦·哈夫、约翰·凯利、雷蒙德·李、诺曼·马瑟斯、乔·梅内盖利、沃伦·米勒、罗伊和珍·彼得曼、贝特伦·沙夫纳（特别向卡萝尔·沙夫纳致意）、肯和伊凡娜·托马斯、露西亚娜·特威切尔、西尔维娅·瓦克斯曼（特别感谢迈克·瓦克斯曼）、小弗兰克·威廉姆斯（特别感谢邦妮和桑托斯·德尔加多的热情），以及安·亚伯勒。在此需要特别向第九十七步兵师指挥官米尔顿·哈尔西上将的孙子乔恩·哈尔西致敬，感谢他提供有关步兵师的珍贵资料。

祖父的同事沃伦·波兰、理查德·瓦加曼和伊莲·科特洛夫仔细向我描述了他的专业能力和个人性格。布鲁斯·希尔绍尔是研究第九十七步兵师的历史学家，我刚开始写作本书时，他给我写的导览对我很有帮助。乌娜·戈泽尔斯基对他的父亲詹姆斯·瓦瓦苏医生的回忆对我亦颇有裨益，他战前在劳登医院看护过埃丝特·贾菲。丽贝卡·施瓦茨·格林热情地和我讨论她于一九七七年撰写的论文，主题是第二次世界大战时期的精神病学，本文至今是关于这个主题最生动的学术文献之一。

比尔·巴雷特对巢鸭监狱做过深入的研究，杰克·马洛里曾在三六一驻地医院服役，若没有他们的协助，我不可能像现在这样了解美据时期的日本。我将永远感谢艾伯特·斯顿卡德，他耐心地和我一起回顾了我的祖父对大川周明所做的检查结果，并告诉我他在巢鸭监狱和三六一驻地医院服役期间的往事。

许多人为帮助我理解大川周明的生活和工作奉献了宝贵的时间，我向他们所有人表示感谢。在美国，我得到杰米尔·艾登、堀田惠里和东谷余间的帮助；在日本，帮助过我的人有斯文·萨勒和克里斯托弗·斯皮尔曼（英语交流）、栗屋健太郎、石田武、加藤宪史郎、松本健一、大川宪明、大塚健洋、佐藤优、佐藤章一、东条裕子、舀杵良平、山本哲郎（部分或全部借助翻译交流）。若我对亚细亚主义和大川周明的认知有误，错在我本人，而任何洞见，要归功于他们。

我查找资料时，许多图书馆、档案馆和文件贮藏室的工作人员亦帮了我很大的忙，我无法逐一列出他们的名字，在此特别感谢以下几位：弗吉尼亚大学法学图书馆弗兰克·S. 塔文纳上校手稿收藏室的塞西莉亚·布朗和伊丽莎白·拉德纳，纽约市立档案馆的肯·科伯，美国陆军医疗史办公室的桑德斯·马贝尔，美国精神病学会的加里·麦克米兰，奥斯卡·迪特赫尔姆精神病学史图书馆的戴安·理查森，杰·巴克斯戴尔是纽约公共图书馆韦尔特海姆研究会的主管，他不厌其烦地接待我。

日本基金会国际合作与社科研究委员会慷慨地给了我一份艾伯记者奖金（Abe Fellowship for Journalists），让我能去日本进行长期研究。若没有哥伦比亚大学杰罗德·柯蒂斯的建议，我不可能争取到这个名额，他是一位了不起的日本研究专家。约翰·格鲁斯曼是《战火下的行动》的作者，开始时，他就一位美国退伍军人的亲人该如何写作美军和日军给了我有用的建议。哥伦比亚大学艺术硕士项目提供的赫托格奖金让我得以研究亚力克斯·坎宁安的生平。我非常幸运，能请到两位聪明可靠的翻译：在日本时是北田千明，在纽约时是杰夫·沃伦。

感谢科林·哈里森、吉姆·霍恩费什、凯尔西·史密斯，本书能从酝酿直至完稿，离不开他们的专业知识。感谢山姆·弗里德曼，我每写一本书都得感谢他。感谢吉宁，她是我见过的唯一一个眼睛会因听到查找档案四个字而闪闪发光的女孩，我非常幸运——她始终支持我，我将永远需要她的支持，无论我是否把这些说出口。